1. Auflage 2000
ISBN 3-932023-14-5

Grafische Gestaltung	Georg Feigl
DTP	Andrea Eschler
Fotografie	StockFood/Susie Eising
Redaktion	Nicole Fischer, Julei Habisreutinger
Herstellung	Karin Mayer, Peter Karg-Cordes
Lithografie	inteca Media Service GmbH, Rosenheim
Druck & Bindung	Bentrup, Bielefeld

Besuchen Sie uns auch im Internet unter der Adresse www.zsverlag.de

Manfred Schwarz

KOCHEN

für jeden Tag

ZABERT SANDMANN

Inhalt

Manfred Schwarz war einer der ersten deutschen Spitzenköche, die sich zur Küche ihrer Heimat bekannten. In seinem Deidesheimer Restaurant verhalf er der Pfälzer Küche zu neuem Ruhm. Dabei hat er es aufs beste verstanden, die kulinarischen Klassiker der Region leicht und modern zu variieren.

Ein Meisterkoch also, der das Einfache, Traditionelle betont, in Zeiten, die von ständig wechselnden Trends geprägt sind. Wie abwechslungsreich diese Bodenständigkeit sein kann, zeigt dieses Buch: Manfred Schwarz kocht die 250 schönsten Rezepte aus deutschen Regionen, von Bayern bis Schleswig-Holstein, vom Saarland bis Thüringen. Jedem Rezept gibt er seine persönliche, raffinierte Note. Dabei versteht es sich von selbst, daß alle Rezepte leicht und schnell nachzukochen sind.

Die regionale Küche stützt sich ganz auf heimische Produkte der Saison. Deshalb ist dieses Buch nach den Jahreszeiten gegliedert: Ob Frühling, Sommer, Herbst oder Winter – von der Vorspeise bis zum Dessert orientiert sich jedes Rezept am aktuellen Angebot.

KARLSBERG
UR-PILS

Frühlingsküche

Die ersten Kräuter sprießen, die Gemüseläden sehen wieder farbenfroh aus, und die Lust auf frische, knackige und leichte Gerichte wächst. Es macht wieder richtig Spaß, Vitamine zu tanken, sei es als Vorspeise, Hauptgericht oder Dessert. Lassen Sie Ihren kulinarischen Frühlingsgefühlen freien Lauf!

Eiersülze auf Kresse

SACHSEN-ANHALT

Für 4 Personen

1 l Wasser, 3 EL Weißweinessig, 1 TL Salz, 4 frische Eier, 3 Blatt weiße Gelatine, 1/4 l Geflügelfond, 2 EL Sherry (Fino, trocken), je 1 TL Sherry- und Weißweinessig, 2 EL Tomatenwürfel, 8 kleine Estragonblätter, 1 Bund Brunnenkresse

1. Wasser, Weißweinessig und Salz aufkochen. Jeweils ein Ei in eine Tasse schlagen und prüfen, ob es frisch ist. Das Ei vorsichtig in das leicht siedende Wasser gleiten lassen. Auf diese Weise alle Eier 4 Minuten garen. Mit einem Schaumlöffel herausheben, abtropfen lassen und in kaltes Wasser legen.
2. Gelatine in kaltem Wasser einweichen, gut ausdrücken und im heißen Geflügelfond auflösen. Mit Sherry, Sherryessig und dem restlichen Weißweinessig abschmecken und einen Geleespiegel in vier Tassen gießen. Im Kühlschrank erstarren lassen.
3. Tomatenwürfel und Estragonblätter auf dem Gelee verteilen, das abgekühlte Ei darauf setzen und mit der restlichen Geleeflüssigkeit begießen.
4. Sülzen mindestens 2 Stunden kalt stellen und erstarren lassen, dann stürzen und auf der geputzten, gewaschenen und gut abgetropften Brunnenkresse anrichten.

Fritierte Krabbenbrote

HAMBURG/SCHLESWIG-HOLSTEIN

Für 4 Personen

30 g durchwachsener Räucherspeck, 100 g Kabeljaufilet, 150 g ausgelöste Krabben, 1 Schalotte, 2 EL feingeschnittener Schnittlauch, 2 Eiweiß, 1 EL Weißwein, 1 EL Speisestärke (z. B. Mondamin), Salz, Pfeffer, etwas abgeriebene Zitronenschale (unbehandelt), 16 Scheiben Toastbrot, 5–6 EL Sesamsamen, Keimöl zum Ausbacken

1. Den Räucherspeck in kleine Würfel schneiden. Fischfilet und Krabben mit dem Wiegemesser oder in einer Küchenmaschine fein hacken. Schalotte schälen, in kleine Würfel schneiden und mit dem Schnittlauch, einem Eiweiß, dem Wein und der Speisestärke unter die Fischfarce rühren. Alles gründlich vermischen und mit Salz, Pfeffer und Zitronenschale würzen.
2. Mit einem runden Ausstecher (⌀ 8 bis 9 cm) Plätzchen aus den Toastbrotscheiben ausstechen und jeweils die Hälfte davon dick mit der Fischfarce bestreichen. Die restlichen Brottaler darauf setzen. Die Ränder mit dem restlichen Eiweiß bestreichen und in den Sesamsamen wenden. Sesam gut festdrücken.
3. Reichlich Öl in einer Friteuse erhitzen und die Krabbenbrötchen darin portionsweise in 3 bis 5 Minuten goldbraun und knusprig braten. Auf Küchenpapier abtropfen lassen und sofort mit einem Frühlingssalat servieren.

Weißer Käse

PFALZ

Für 4 Personen

4 Frühlingszwiebeln, 2 hartgekochte Eier, 1 Knoblauchzehe, 1 Bund Radieschen, 500 g Speisequark (20 % Fett i. Tr.), Salz, Pfeffer, 1 TL geriebener Meerrettich, 2 EL frisch gehackte Kräuter, 125 g Sahne, 1 Kästchen Kresse, 800 g Pellkartoffeln

1. Frühlingszwiebeln putzen, waschen und in kleine Würfel oder dünne Ringe schneiden. Eier und Knoblauchzehe schälen und fein hacken. Die Radieschen waschen und – bis auf einige zum Garnieren – in feine Streifen oder kleine Würfel schneiden.
2. Den Speisequark in eine Schüssel geben, mit Salz und Pfeffer würzen und den Meerrettich unterrühren. Frühlingszwiebeln, Eier, Knoblauch, Radieschen und die Kräuter dazugeben. Die Sahne steif schlagen und locker unter den Quark ziehen. Den weißen Käse mit der abgeschnittenen Kresse und mit den restlichen Radieschen garnieren. Mit frisch gekochten Pellkartoffeln servieren.

MANFRED SCHWARZ

Gewürzter Quark wird in jeder Region gerne gegessen – ob man nun Frühlingszwiebeln, Schnittlauch oder andere Kräuter untermischt, bleibt dem persönlichen Geschmack überlassen.

Obatzda

BAYERN

Für 4 Personen

300 g vollreifer Camembert, 50 g weiche Butter, 1 Zwiebel, Salz, Pfeffer, Paprikapulver (edelsüß), 1 Bund Schnittlauch, frisch gebackenes Bauernbrot oder Laugenbrezeln, 1 Bund Radieschen oder 1 Rettich

1. Den Camembert mit einer Gabel zerdrücken, die Butter hinzufügen und beides gründlich vermischen.
2. Die Zwiebel schälen, in kleine Würfel schneiden und unter den Käse mischen. Käse mit Salz, Pfeffer und Paprikapulver würzig abschmecken.
3. Schnittlauch waschen, trockenschütteln und in feine Röllchen schneiden. Den Käse damit bestreuen und mit Bauernbrot oder Laugenbrezeln servieren. Dazu passen knackige Radieschen oder ein Rettich.

MANFRED SCHWARZ

Am besten schmeckt diese bayerische Spezialität natürlich unter einem schattigen Baum in einem Münchner Biergarten mit frisch gezapftem Bier. Je fettreicher der Camembert, um so cremiger und geschmackvoller wird der Käseaufstrich.

Wildkräutersalat

HESSEN

Für 4 Personen

200 g gemischte Wildkräuter (z. B. Sauerampfer, Brunnenkresse, Löwenzahn, feingehackte Vogelmiere, Gänseblümchen), 2 hartgekochte Eier, 1 TL Senf, Salz, Pfeffer, 1 TL Apfeldicksaft, 1 EL Aceto Balsamico, 1 EL Zitronensaft, 5 EL Keimöl

1. Die Wildkräuter verlesen, gründlich waschen und gut abtropfen lassen. Die Eier schälen und in Scheiben schneiden. Die Wildkräuter mit den Eierscheiben auf einer Platte anrichten.
2. Senf, Salz, Pfeffer, Apfeldicksaft, Aceto Balsamico, Zitronensaft und Öl zu einer Vinaigrette verrühren und den Salat damit beträufeln.

MANFRED SCHWARZ

Man kann den Salat auch mit in Scheiben geschnittenen Radieschen, Croûtons oder gerösteten Nüssen bestreuen.

Wer die Kräuter selbst sammelt, sollte dies nicht an stark befahrenen Straßen tun und die Kräuter möglichst schnell nach der Ernte servieren.

Rohkostteller

SAARLAND

Für 4 Personen

1 rote Bete, 4 Möhren, 2 kleine Zucchini, 1 gelbe Paprikaschote, 4 Frühlingszwiebeln, 30 g Walnüsse, 8 schwarze, entkernte Oliven, 1 Knoblauchzehe, 1 EL Senf, 2 Eigelb, 1 Prise Zucker, Salz, Pfeffer, 2–3 EL Zitronensaft, 5 EL Keimöl, 4–6 EL Kalbsfond, 1 Bund feingehackte, gemischte Frühlingskräuter, 1 Bund Brunnenkresse, 1 Handvoll Sojabohnensprossen

1. Gemüse waschen, die rote Bete und die Möhren schälen. Möhren auf der groben Seite, die rote Bete auf der feinen Seite einer Rohkostreibe raspeln.
2. Zucchini waschen und in feine Streifen schneiden. Die Paprikaschote vierteln, Stielansatz und Trennwände entfernen und jedes Viertel quer in feine Streifen schneiden. Frühlingszwiebeln putzen, waschen und in feine Ringe schneiden. Walnüsse hacken und unter die rote Bete, die geviertelten Oliven unter die Zucchini mischen. Gemüse auf einer Platte anrichten.
3. Knoblauchzehe durch eine Presse drücken, mit Senf, Eigelb, Salz, Pfeffer und Zitronensaft verquirlen. Das Öl tropfenweise dazugießen. Kalbsfond und die Kräuter untermischen und die Rohkost damit beträufeln.
4. Die Brunnenkresse sorgfältig verlesen und waschen. Die Sojabohnensprossen kurz waschen und beides gut abgetropft über die Rohkost streuen.

Salat mit Egerlingen

BADEN

Für 4 Personen

250 g junger Löwenzahn, 200 g Egerlinge, 50 g durchwachsener Räucherspeck, 1 EL Keimöl, Salz, Pfeffer, 1 EL gehackte Petersilie, 1 TL Senf, 1 EL Aceto Balsamico, 1 EL Apfelessig, 2–3 EL Kalbsfond, 4 EL Olivenöl extra virgen

1. Die Löwenzahnblätter verlesen, waschen und gut abtropfen lassen. Die Egerlinge putzen und vierteln. Den Räucherspeck in kleine Würfel schneiden.
2. Das Öl in einer Pfanne erhitzen und die Speckwürfel darin glasig braten. Dann die Pilze dazugeben und mit anbraten. Mit Salz und Pfeffer würzen und mit der gehackten Petersilie bestreuen.
3. Senf, Salz, Aceto Balsamico und Apfelessig verrühren, dann den Kalbsfond und das Öl unterrühren. Die Löwenzahnblätter vorsichtig mit der Marinade mischen und mit den Pilzen und den Speckwürfeln bestreut servieren.

MANFRED SCHWARZ

Wer einen Garten hat, sollte unbedingt im Frühjahr die ersten zarten Löwenzahnblätter ernten und einen köstlichen Salat daraus zubereiten. Mittlerweile kann man Löwenzahn aber auch in Gemüsegeschäften kaufen.

Hähnchensalat

PFALZ

Für 4 Personen

2 junge Kohlrabi, 1 säuerlicher Apfel, 150 g gemischte Salatblätter (z. B. Rucola, Friséeoder Kopfsalat), 4 Hähnchenbrustfilets, Salz, Pfeffer, 4 EL Keimöl, 20 g Butter, 2 EL Sherry (Amontillado, halbtrocken), 2 EL Apfelessig, Pfeffer, 1 EL Nußöl, 2 EL gehackte, geröstete Pistazien

1. Kohlrabi und Apfel schälen. Den Apfel halbieren und entkernen. Beides erst in dünne Scheiben, dann in feine Streifen schneiden. Die Salatblätter waschen und gut abtropfen lassen.
2. Die Hähnchenbrustfilets waschen, trockentupfen und mit Salz und Pfeffer würzen. 1 EL Keimöl und die Butter erhitzen und das Fleisch darin bei mittlerer Hitze etwa 10 Minuten braten, dabei einmal wenden. In Alufolie gewickelt kurz ruhen lassen. Den Bratensatz mit Sherry ablöschen und etwas einkochen lassen.
3. Apfelessig, Salz, Pfeffer, restliches Keimöl und das Nußöl verquirlen und den Bratenfond unterrühren.
4. Salatblätter, Kohlrabi- und Apfelstreifen auf vier Teller verteilen und mit der Vinaigrette beträufeln. Hähnchenbrustfilets in Scheiben schneiden, darauf anrichten und mit den Pistazien bestreuen.

Schwemmklößchen

HAMBURG/SCHLESWIG-HOLSTEIN

Für 4 Personen

300 g gemischte Gemüsesorten (z. B. Blumenkohl, Möhren, Stangensellerie, Erbsen, Lauch oder Kohlrabi), 40 g Butter, 1 1/4 l Fleischbrühe, Salz, Pfeffer, Muskatnuß (gerieben), 4 Eier, 2 EL Sahne, 1/8 l Milch, 30 g Butter, 70 g Mehl, 3 EL frisch gehackte Petersilie

1. Gemüse putzen, falls nötig schälen und in Würfel oder Scheiben schneiden. Das Gemüse in der aufgeschäumten Butter andünsten und die Fleischbrühe angießen. Mit Salz, Pfeffer und Muskat würzen.

2. Zwei Eier und die Sahne verquirlen, salzen und in eine gefettete, flache Form geben. Im heißen Wasserbad in 10 bis 12 Minuten erstarren lassen. Stürzen und abgekühlt in Rauten schneiden.

3. Für die Schwemmklößchen die Milch aufkochen, mit Salz und Muskat würzen und die Butter darin schmelzen lassen. Das Mehl zufügen und mit einem Holzlöffel so lange rühren, bis ein glatter Teigkloß entsteht. Von der Kochplatte nehmen und nacheinander die restlichen Eier unterrühren. Mit zwei nassen Teelöffeln kleine Nocken abstechen und in kochendem Salzwasser in 10 Minuten gar ziehen lassen.

4. Eierstich und Schwemmklößchen in die Gemüsesuppe geben. Suppe mit frisch gehackter Petersilie bestreut servieren.

Flädlesuppe

SCHWABEN

Für 4 Personen

120 g Mehl, 3 Eier, 3 EL flüssige Butter, 1/4 l Milch 2 EL frisch gehackte Kräuter, Salz, Pfeffer, Muskatnuß (gerieben), Keimöl und Butter zum Braten, 1 l kräftige Fleischbrühe, 1/2 Bund Schnittlauch

1. Mehl mit den verquirlten Eiern verrühren, dann nach und nach die Milch und die zerlassene Butter mit dem Schneebesen unterrühren. Die Kräuter unter den Teig ziehen und mindestens 15 Minuten quellen lassen.

2. Etwas Öl und Butter in einer beschichteten Pfanne erhitzen und mit einem Schöpflöffel etwas Teig in die Pfanne geben. Den Teig durch Drehen der Pfanne gleichmäßig dünn verteilen und goldbraun braten. Wenden und auch die zweite Seite goldbraun braten. Pfannkuchen aus der Pfanne gleiten und etwas abkühlen lassen. So fortfahren, bis der Teig verbraucht ist.

3. Jeweils zwei Pfannkuchen übereinanderlegen, aufrollen und in schmale Streifen schneiden.

4. Die Brühe erhitzen. Die Flädle auf vier Suppenteller verteilen, mit der heißen Brühe begießen und mit feingeschnittenem Schnittlauch bestreuen.

Grünkernsuppe

BADEN

Für 4 Personen

120 g Grünkern, 1 Zwiebel, 1 Knoblauchzehe, 1 Bund Suppengrün, 3 EL Keimöl, Salz, Pfeffer, 1 EL Tomatenmark, 1 Thymianzweig, 1 ½ l Fleischbrühe, 80 g Rindermark, 2 Eier, ca. 150 g frisch geriebenes Weißbrot, Muskatnuß (gerieben), 2 EL frisch gehackte Petersilie

1. Grünkern über Nacht in kaltem Wasser einweichen. Am nächsten Tag in einem Sieb gut abtropfen lassen.
2. Zwiebel und Knoblauchzehe schälen und in kleine Würfel schneiden. Das Suppengrün waschen und kleinschneiden. Das Gemüse im erhitzten Öl andünsten, dann die Körner dazugeben. Mit Salz und Pfeffer würzen. Das Tomatenmark unterrühren, den Thymian dazugeben und die Fleischbrühe angießen. Zugedeckt bei schwacher Hitze 30 bis 40 Minuten köcheln lassen.
3. Das ausgelöste Rindermark etwa 30 Minuten in kaltes Wasser legen. Herausnehmen, abtropfen lassen, in dünne Scheiben schneiden und mit einem Kochlöffel zerdrücken, dabei nacheinander die Eier unterrühren. Das geriebene Weißbrot hinzufügen, bis eine geschmeidige Masse entsteht. Mit Salz, Pfeffer und Muskat würzen und zu walnußgroßen Kugeln formen.
4. Klößchen in leicht siedendem Salzwasser in 8 bis 10 Minuten gar ziehen lassen. Herausnehmen und in der Suppe servieren. Mit frisch gehackter Petersilie bestreuen.

Frühlingszwiebelsuppe

THÜRINGEN

Für 4 Personen

1 Bund Frühlingszwiebeln, 40 g Butter, 1 TL Mehl, 100 ml trockener Weißwein, 1 l Hühnerbrühe, Salz, weißer Pfeffer, Muskatnuß (gerieben), 125 g Sahne, 2 Scheiben Bauernbrot, 2–3 EL Keimöl

1. Frühlingszwiebeln putzen, waschen und mit dem Grün in Ringe schneiden. Etwas Frühlingszwiebelgrün beiseite legen, die restlichen Zwiebeln in der Butter andünsten. Mit Mehl bestäuben, den Wein angießen und etwas einkochen lassen. Die Hühnerbrühe angießen und mit Salz, Pfeffer und Muskat würzen. Die Suppe 15 bis 20 Minuten bei mittlerer Hitze köcheln lassen.
2. Die Suppe im Küchenmixer oder mit dem Stabmixer fein pürieren. Die Sahne hinzufügen und alles kurz aufkochen lassen. Noch einmal würzig abschmecken.
3. Die Brotscheiben in kleine Würfel schneiden und im heißen Öl goldbraun und knusprig braten.
4. Die Suppe auf vier tiefe Teller verteilen und mit den Croûtons und den restlichen Frühlingszwiebelringen bestreuen.

Fischklopse in Senfsauce

MECKLENBURG-VORPOMMERN

Für 4 Personen

500 g Zander- oder Hechtfilet (ohne Gräten), 2 Sardellenfilets, 2 Eiweiß, 325 g Sahne, 100 g Tiefkühl-Spinat (aufgetaut, gehackt), Salz, Pfeffer, Muskatnuß (gerieben), 4–5 EL Sesamsamen, 70 g Butter, 2 EL Keimöl, 1/8 l Fischfond, 1 TL grober Pommerysenf, 1 TL süßer Senf, 1 TL scharfer Senf, je 1 TL gehackter Kerbel und gehackte Petersilie

1. Das gut gekühlte Fischfilet mit den Sardellen im Blitzhacker fein pürieren und dabei nach und nach Eiweiß und 200 g eiskalte Sahne zufügen. Den Spinat unterrühren und die Farce mit Salz, Pfeffer und Muskat würzen. Mit zwei nassen Eßlöffeln Nocken aus der Fischfarce formen und in den Sesamsamen wenden.
2. In einer Pfanne 40 g Butter und das Öl erhitzen und die Nocken darin bei mittlerer Hitze unter Wenden rundherum goldgelb braten.
3. Inzwischen den Fischfond mit der restlichen Sahne um die Hälfte einkochen lassen. Pommerysenf, süßen und scharfen Senf unterrühren und die Sauce von der Kochstelle nehmen. Die restliche, eiskalte Butter in kleinen Flocken unter die Sauce schlagen. Zum Schluß die Kräuter untermischen und die Sauce auf vier Teller verteilen. Die Fischklopse darauf anrichten.
Dazu passen Salzkartoffeln und Salat.

Rotbarscheintopf

BREMEN/NIEDERSACHSEN

Für 4 Personen

400 g mehligkochende Kartoffeln, 1 dicke Lauchstange, 1 Zwiebel, 40 g Butter, Salz, weißer Pfeffer, Muskatnuß (gerieben), abgeriebene Schale von 1/2 Zitrone (unbehandelt), 1/4 l Fischfond, 125 g Sahne, 500 g Rotbarschfilet, 2 EL Zitronensaft, 2 Eigelb, 3 EL gehackte Frühlingskräuter

1. Kartoffeln schälen und in 1/2 cm dicke Scheiben schneiden. Die Lauchstange putzen, gründlich waschen und in schmale Ringe schneiden. Die Zwiebel schälen und in kleine Würfel schneiden.
2. Die Zwiebel in der zerlassenen Butter glasig dünsten. Kartoffeln und Lauch dazugeben und mit andünsten. Mit Salz, Pfeffer, Muskat und Zitronenschale würzen. Den Fischfond und die Sahne angießen. Einmal aufkochen lassen und das Gemüse bei schwacher Hitze etwa 20 Minuten garen.
3. Das Fischfilet waschen, trockentupfen und in mundgerechte Stücke schneiden. Mit Zitronensaft beträufeln und mit Salz und Pfeffer würzen. Die Fischstücke vorsichtig unter das Gemüse mischen und etwa 10 Minuten garen.
4. Eigelb und Kräuter verquirlen und zum Schluß unter den Eintopf rühren. Eintopf nur noch kurz erhitzen, aber keinesfalls kochen lassen, da sonst das Eigelb gerinnt!

Hamburger Fischsuppe

HAMBURG/SCHLESWIG-HOLSTEIN

Für 4 Personen

2 Gemüsezwiebeln, 1 Knoblauchzehe, je 1 rote und grüne Paprikaschote, 1 rote Peperoni, 500 g mehligkochende Kartoffeln, 4 EL Keimöl, 2 geschälte Tomaten, Salz, Pfeffer, Safran, 800 g Fischfilet (z. B. Kabeljau, Rotbarsch, Wittling), 100 g ausgelöste Garnelen, 1 l Fischbrühe, ½ Bund Petersilie

1. Zwiebeln und Knoblauch schälen, Paprikaschoten und die Peperoni halbieren und die Stielansätze und Trennwände entfernen. Zwiebeln und Paprika in Streifen schneiden, Knoblauchzehe und Peperoni fein hacken. Die Kartoffeln schälen und in dünne Scheiben schneiden.
2. Das Öl erhitzen und das Gemüse bei mittlerer Hitze 8 bis 10 Minuten dünsten. Die Tomaten in Stücke schneiden und dazugeben. Gemüse mit Salz, Pfeffer und Safran würzen und 5 Minuten köcheln lassen.
3. Fischfilet waschen, trockentupfen und mit Salz und Pfeffer würzen.
4. Gemüse, Fischfilet und Garnelen abwechselnd in einen Schmortopf schichten, mit der Brühe begießen und zugedeckt bei schwacher Hitze 10 bis 15 Minuten garen. Mit Petersilie bestreut servieren.

Fisch mit Wildkräutern

MECKLENBURG-VORPOMMERN

Für 4 Personen

4 Kabeljaukoteletts à ca. 250 g, Saft von 1 Zitrone, Salz, Pfeffer, 150 g frische Wildkräuter (z. B. Brunnenkresse, Sauerampfer, Brennessel, Kapuzinerkresse, Löwenzahn, Vogelmiere), ¼ l Fischfond, 2 EL Noilly Prat, 50 g eiskalte Butter

1. Die Fischkoteletts waschen, trockentupfen, mit Zitronensaft beträufeln und mit Salz und Pfeffer würzen.
2. Die Wildkräuter verlesen, waschen und abtropfen lassen. Die Hälfte davon auf einem Dämpfeinsatz verteilen, den Fisch darauf legen und mit den restlichen Kräutern bedecken.
3. Fischfond und Noilly Prat in einem ausreichend großen Topf erhitzen und den Dämpfeinsatz hineinstellen. Den Fisch zugedeckt bei schwacher Hitze 16 bis 18 Minuten garen.
4. Butter in kleinen Stücken mit einem Schneebesen unter den Fond schlagen und zu den Koteletts servieren.
Dazu passen Salzkartoffeln.

Überbackener Fisch

MECKLENBURG-VORPOMMERN

Für 4 Personen

4 Rotbarschfilets à ca. 180 g, Saft von ½ Zitrone, Salz, Pfeffer, 20 g Butter, 200 g Sahne, 2 EL Crème fraîche, 2 Eigelb, 2–3 EL Dijonsenf, 1 EL feingeschnittener Dill, 2 EL frisch geriebenes Weißbrot

1. Die Fischfilets waschen, trockentupfen, mit Zitronensaft beträufeln und mit Salz und Pfeffer würzen. Eine Auflaufform mit Butter fetten und die Rotbarschfilets hineinlegen. Backofen auf 200° C vorheizen.
2. Sahne, Crème fraîche, Eigelb, Senf, Dill und geriebenes Weißbrot miteinander verrühren und über den Fischfilets verteilen. Im Backofen in 15 bis 20 Minuten goldbraun backen.

MANFRED SCHWARZ

Auf diese Weise kann man fast jedes Fischfilet überbacken. Würzen Sie zur Abwechslung die Sahnemischung mit Meerrettich oder mit gehackten, grünen Pfefferkörnern.

Finkenwerder Scholle

HAMBURG/SCHLESWIG-HOLSTEIN

Für 4 Personen

4 küchenfertige frische Schollen à 350 g, Saft von 1 Zitrone, 100 g durchwachsener Räucherspeck, 2 EL Keimöl, 3–4 EL Mehl, Salz, Pfeffer, 30 g Butter, 4 Petersilienstiele, 1 Zitrone

1. Die Schollen waschen und mit Küchenpapier gut trockentupfen. Mit Zitronensaft beträufeln.
2. Den Räucherspeck in sehr kleine Würfel schneiden. Das Öl in einer Pfanne erhitzen und die Speckwürfel darin knusprig braten.
3. Mehl mit Salz und Pfeffer vermischen und die Schollen darin wenden. Überschüssiges Mehl abklopfen.
4. Die Speckwürfel mit einem Schaumlöffel herausheben und beiseite stellen. Die Schollen im Bratfett auf jeder Seite in 6 bis 8 Minuten goldbraun braten. Herausnehmen und auf eine vorgewärmte Platte legen.
5. Das Bratfett abgießen und die Butter in der Pfanne aufschäumen lassen.
6. Jede Scholle mit Speckwürfeln bestreuen, mit etwas heißer Butter begießen und mit Petersilie und einem Zitronenviertel garnieren.

Bücklingspfanne

BREMEN/NIEDERSACHSEN

Für 4 Personen

250 g grüne Bohnen, 2 Fleischtomaten, 800 g gekochte, festkochende Kartoffeln (vom Vortag), 1 große Zwiebel, 4 EL Keimöl, Salz, Pfeffer, ½ TL frisch gehackte Thymianblätter, ca. 300 g Bücklingsfilet (ohne Haut und Gräten), 1 Bund gemischte Frühlingskräuter (z. B. Schnittlauch, Kerbel, Dill und Petersilie)

1. Die Bohnen putzen und in kochendem Salzwasser in etwa 3 Minuten bißfest kochen. In eiskaltem Wasser abschrecken und gut abtropfen lassen. Die Tomaten kurz blanchieren, häuten, halbieren, entkernen und in kleine Würfel schneiden. Kartoffeln schälen und in dünne Scheiben schneiden. Zwiebel schälen und in Würfel schneiden.
2. Das Öl in einer Pfanne erhitzen und die Zwiebeln darin glasig dünsten. Die Kartoffeln dazugeben und goldbraun braten. Mit Salz, Pfeffer und Thymian würzen.
3. Die in Stücke geschnittenen Bohnen, die Tomaten, das zerteilte Bücklingsfilet und die frisch gehackten Kräuter vorsichtig untermischen und kurz erhitzen.

Pfannfisch

HAMBURG/SCHLESWIG-HOLSTEIN

Für 4 Personen

4 Schellfischfilets à ca. 150 g, Saft von 1 Zitrone, Salz, Pfeffer, 4 große, festkochende Kartoffeln, 2–3 EL Speisestärke (z. B. Mondamin), 6 EL flüssige Butter, 2 EL Keimöl

1. Die Fischfilets waschen, trockentupfen, mit Zitronensaft beträufeln und mit Salz und Pfeffer würzen.
2. Die Kartoffeln schälen und in sehr dünne Scheiben schneiden. Mit einem runden Ausstecher kleine Taler daraus ausstechen.
3. Eine Fischseite mit Speisestärke bestäuben und die Stärke leicht andrücken. Diese Fischseite schuppenförmig mit den Kartoffeltalern bedecken. Jeweils mit 1 EL flüssiger Butter bestreichen.
4. Öl und Butter in einer Pfanne erhitzen und die Fischfilets mit der Kartoffelseite in das heiße Fett legen. Bei mittlerer Hitze so lange braten, bis die Kartoffeln goldbraun und knusprig sind. Vorsichtig mit Hilfe einer Palette wenden und die Fischseite bei schwacher Hitze garen.
5. Mit grünem Salat und einer Sauce Hollandaise oder einer Kräutersauce servieren.

Fischkoteletts in Folie

Sachsen-Anhalt

Für 4 Personen

4 Schellfischkoteletts à 200 g, Salz, Pfeffer, 4 Fleischtomaten, 4 Basilikumstiele, ½ Zitrone (unbehandelt), 4 EL Olivenöl extra virgen

1. Die Fischkoteletts waschen, trockentupfen und mit Salz und Pfeffer würzen. Den Backofengrill vorheizen.
2. Die Fleischtomaten kurz blanchieren, häuten, halbieren und entkernen. Die Hälften in Würfel schneiden. Basilikum waschen und trockenschütteln. Die Zitrone heiß waschen und trockenreiben.
3. Jeweils 1 Fischkotelett auf ein ausreichend großes Stück Alufolie setzen. Ein Viertel der Tomatenwürfel, 1 Basilikumstiel und 1 Zitronenscheibe darauf legen und mit 1 Eßlöffel Olivenöl beträufeln. Locker in Aufolie einwickeln und die Ränder fest zusammendrücken.
4. Unter dem Backofengrill etwa 15 bis 20 Minuten garen. Mit Salzkartoffeln und Salat servieren.

Manfred Schwarz

In Alufolie gegart, bleiben das zarte Fischaroma und die Aromen der verwendeten Kräuter besonders gut erhalten.

Fisch in Bierteig

Rheinland

Für 4 Personen

700 g Kabeljau- oder Schellfischfilet, Saft von 1 Zitrone, Salz, Pfeffer, 100 g Mehl, 1 Prise Salz, 1 Msp Paprikapulver (edelsüß), 1 Eigelb, 1 EL flüssige Butter, ⅛ l Bier, 2 Eiweiß, Keimöl zum Ausbacken

1. Fischfilet waschen, trockentupfen und in etwa 3 cm breite Streifen schneiden. Mit Zitronensaft beträufeln und mit Salz und Pfeffer würzen.
2. Mehl mit Salz, Paprika, Eigelb, Butter und Bier in einen Rührbecher geben und mit dem Stabmixer rasch zu einem glatten Teig verquirlen. Eiweiß steif schlagen und unter den Teig ziehen.
3. Keimöl in einer Friteuse auf 180° C erhitzen. Die Fischstreifen in den Bierteig tauchen und portionsweise im heißen Öl in etwa 4 bis 6 Minuten goldbraun ausbacken.
4. Mit einem Schaumlöffel herausheben und auf Küchenpapier abtropfen lassen.

Manfred Schwarz

Zu Fisch in Bierteig schmecken sehr gut Sauce Remoulade, entweder selbstgemacht oder aus dem Glas, Bratkartoffeln und ein kühles Pils.

Räucherfischquiche

SACHSEN

Für 4 Personen

300 g Tiefkühl-Blätterteig, 2 große Lauchstangen, 40 g Butter, Salz, weißer Pfeffer, Muskatnuß (gerieben), 6 EL trockener Weißwein, 50 g Räucherspeck, 1 EL Keimöl, 200 g geräucherte Forellenfilets, 125 g Sahne, 3 Eier, 1 EL feingeschnittener Dill

1. Blätterteigplatten auftauen lassen, mit etwas Wasser bestreichen, übereinanderlegen und zu einer runden Platte von etwa 30 cm Durchmesser ausrollen. Boden und Rand einer Springform (Ø 24 cm) damit auskleiden und die Form kalt stellen.
2. Die Lauchstangen putzen, gründlich waschen und in dünne Scheiben schneiden. In Butter andünsten, mit Salz, Pfeffer und Muskat würzen und den Wein angießen. Den Räucherspeck in Streifen schneiden und im erhitzten Öl anbraten. Die Forellenfilets in Stücke zerteilen. Sahne und Eier gut verquirlen und mit Salz, Pfeffer und Muskat würzen. Den Backofen auf 200° C vorheizen.
3. Den abgekühlten Lauch mit Forellenstückchen, Speckwürfeln und Dill vermischen und auf dem Blätterteigboden verteilen. Mit der Eier-Sahne-Mischung begießen und die Quiche im Backofen in 30 bis 40 Minuten goldbraun backen. Quiche vor dem Anschneiden noch etwa 10 Minuten ruhen lassen.

Geflügelburger

HAMBURG/SCHLESWIG-HOLSTEIN

Für 4 Personen

500 g Puten- oder Hähnchenbrustfilet, 1 Scheibe Toastbrot, 4–5 EL Sahne, 1 Zwiebel, 1 Knoblauchzehe, 20 g Butter, 2 Eier, 1 TL frische, geriebene Ingwerwurzel, Salz, weißer Pfeffer, Cayennepfeffer, 4 EL Keimöl zum Braten, 4 weiche Sesambrötchen, 4 Salatblätter, 2 Tomaten, 100 g Sojabohnensprossen, Currysauce (aus dem Glas)

1. Das Geflügelfleisch kleinschneiden und in der Küchenmaschine fein zerhacken. Das Toastbrot in kleine Würfel schneiden, mit der Sahne begießen und quellen lassen. Zwiebel und Knoblauch schälen, in Würfel schneiden und in der zerlassenen Butter andünsten. Alles zu einem glatten Fleischteig verkneten und herzhaft würzen.
2. Aus der Masse vier große Fleischplätzchen formen und im heißen Öl in ca. 15 Minuten goldbraun braten.
3. Brötchen halbieren. Mit Salat, Tomaten, Sojabohnensprossen, einem Geflügelburger und Currysauce füllen.

MANFRED SCHWARZ

Man kann statt der Sojabohnensprossen auch Röstzwiebeln oder ein würziges Relish in die Brötchen füllen.

Hähnchen in Riesling

PFALZ

Für 4 Personen

1 Hähnchen à ca. 1 ½ kg, Salz, Pfeffer,
1–2 EL Mehl, 150 g durchwachsener Räucherspeck,
4 Schalotten, 2 Möhren, 4 EL Keimöl,
2 Estragonstiele, 4 Petersilienstiele, ½ l Riesling aus der Pfalz, ¼ l Hühnerbrühe, 3 EL Crème fraîche,
2 EL frisch gehackte Frühlingskräuter

1. Das Hähnchen waschen, trockentupfen und mit der Geflügelschere oder einem scharfen Messer in acht Stücke teilen. Hähnchenteile mit Salz und Pfeffer würzen und in Mehl wenden.
2. Räucherspeck, die geschälten Schalotten und Möhren in kleine Würfel schneiden und in einem Bratentopf im erhitzten Öl andünsten. Herausnehmen und beiseite stellen.
3. Die Geflügelteile im Bratfett rundherum anbraten. Estragon, Petersilie und die Speck-, Schalotten- und Möhrenwürfel hinzufügen und mit anbraten. Den Riesling und die Hühnerbrühe angießen. Aufkochen lassen und das Hähnchen zugedeckt bei schwacher Hitze etwa 45 Minuten schmoren.
4. Hähnchen und Gemüse auf eine Platte geben und warm stellen. Die Kräuterstiele aus dem Topf nehmen und die Crème fraîche unter den Bratenfond rühren. Sauce bei starker Hitze sämig einkochen lassen und kurz vor dem Servieren die frisch gehackten Kräuter untermischen. Mit Bandnudeln oder Reis servieren.

Gefüllte Hähnchenbrust

BADEN

Für 4 Personen

500 g junger Spinat, Salz, Muskatnuß (gerieben),
4 Hähnchenbrustfilets à ca. 150 g, weißer Pfeffer,
150 g Butterkäse, 2 Eier, 2 EL Sahne, 2 EL Mehl,
4–5 EL Paniermehl, 30 g Butter, 2 EL Keimöl

1. Spinatblätter verlesen, waschen und tropfnaß in einem Topf bei starker Hitze zusammenfallen lassen. Mit Salz und Muskat würzen und kurz köcheln lassen. Dann in ein Sieb abgießen und abtropfen lassen.
2. Die Hähnchenbrustfilets waschen, trockentupfen und mit einem sehr scharfen Messer eine Tasche hineinschneiden. Mit Salz und Pfeffer würzen.
3. Butterkäse in kleine Würfel schneiden und unter den abgekühlten Spinat mischen.
4. In jede Tasche etwas von der Spinat-Käse-Füllung geben und die Öffnung mit einem kleinen Holzspieß zustecken.
5. Eier und Sahne verquirlen. Die Hähnchenbrustfilets zuerst in Mehl, dann in der Eiersahne und zum Schluß im Paniermehl wenden. Die Panade gut festdrücken.
6. Butter und Öl erhitzen und die gefüllten Hähnchenbrustfilets bei mittlerer Hitze in etwa 10 Minuten goldbraun braten.

Hühnerfrikassee

BERLIN/MARK BRANDENBURG

Für 4 Personen

1 gekochtes Suppenhuhn oder 1 gegrilltes Hähnchen, 250 g weißer Spargel, 60 g Butter, Salz, 100 g Champignons, 1 EL Mehl, 1/4 l trockener Weißwein, 1/4 l Hühnerbrühe, weißer Pfeffer, Saft von 1 Zitrone, 125 g Sahne, 2 Eigelb, 1/2 Bund Kerbel

1. Das Huhn häuten, das Fleisch von den Knochen lösen und in mundgerechte Stücke zerschneiden.
2. Den Spargel schälen und die holzigen Enden abschneiden. Spargelstangen in Stücke schneiden und in 10 g Butter andünsten. 1/4 l Salzwasser angießen und den Spargel in etwa 15 Minuten bißfest kochen.
3. Die Pilze putzen, vierteln und in 20 g Butter andünsten.
4. Die restliche Butter aufschäumen lassen, das Mehl hineinstreuen und unter Rühren anschwitzen. Nach und nach Wein und Brühe angießen und kräftig durchrühren. Die Sauce etwa 15 Minuten köcheln lassen und dabei gelegentlich umrühren.
5. Spargel, Champignons und Hühnerfleisch unter die Sauce mischen. Die Sauce mit Pfeffer, Zitronensaft und Salz würzen. Wenige Minuten kochen lassen.
6. Sahne und Eigelb verquirlen und unter das Frikassee rühren. Erhitzen, aber nicht mehr kochen lassen. Hühnerfrikassee mit frisch gehacktem Kerbel bestreuen.

Putengeschnetzeltes

BREMEN/NIEDERSACHSEN

Für 4 Personen

600 g Putenschnitzel, Salz, Pfeffer, 400 g junges Gemüse (z. B. Kohlrabi, Möhren, Lauch oder Frühlingszwiebeln), 3 EL Keimöl, 20 g Butter, 1/2 TL frische, geriebene Ingwerwurzel, Cayennepfeffer, 1/8 l Hühnerbrühe, 200 g Sahne, 1 Bund Schnittlauch

1. Das Putenfleisch waschen, trockentupfen und in schmale Streifen schneiden. Mit Salz und Pfeffer würzen.
2. Das Gemüse waschen, falls nötig schälen und in feine Streifen schneiden.
3. Öl in einer Pfanne erhitzen und die Putenstreifen darin portionsweise bei starker Hitze anbraten. Das Fleisch herausnehmen und die Butter in der Pfanne aufschäumen lassen. Die Gemüsestreifen darin andünsten. Mit Salz, Pfeffer, Ingwer und Cayennepfeffer würzen. Die Brühe und die Hälfte der Sahne angießen. Das Gemüse darin in wenigen Minuten bißfest garen.
4. Die restliche Sahne halbsteif schlagen. Die Fleischstreifen unter die Sauce mischen und die Sahne unterziehen. Schnittlauch waschen, trockenschütteln, in feine Röllchen schneiden und darüberstreuen.
Dazu passen Salzkartoffeln oder körniger Reis.

Rindfleischpfanne

WESTFALEN

Für 4 Personen

1 Bund junge Möhren, 1 große Lauchstange, 2 Selleriestangen, 1 rote Paprikaschote, 2 Entrecotes à ca. 200 g, Salz, Pfeffer, 3 EL Keimöl, 1 EL Tomatenmark, 1 TL Paprikapulver (edelsüß), 100 ml Rotwein, 100 g Tiefkühl-Erbsen, Cayennepfeffer, frisch gehackte Petersilie

1. Das Gemüse putzen und waschen. Möhren, Lauch und Selleriestangen in feine Scheiben, die Paprikaschote in schmale Streifen schneiden. Die Entrecotes waschen und trockentupfen. In 1 cm breite Streifen schneiden und mit Salz und Pfeffer würzen.
2. Das Öl in einer Pfanne erhitzen und die Fleischstreifen darin 3 bis 4 Minuten bei starker Hitze anbraten. Herausnehmen und warm halten.
3. Die Hitze reduzieren und nach und nach das vorbereitete Gemüse unter Rühren anbraten. Tomatenmark und Paprikapulver untermischen, kurz mit andünsten und den Rotwein angießen. Kurz kochen lassen, dann die Erbsen und die Fleischstreifen daruntermischen und mit Salz, Pfeffer und Cayennepfeffer würzen. Noch einmal aufkochen lassen und mit der Petersilie bestreuen.
Dazu paßt Reis oder bißfest gekochte Nudeln.

Geschmortes Kalbsherz

BAYERN

Für 4 Personen

1 Kalbsherz à ca. 800 g, Salz, Pfeffer, 1 mittelgroße Lauchstange, 2 große Möhren, 1 EL Keimöl, 50 g Butter, 4 cl weißer Portwein, 1/8 l trockener Weißwein, 2 EL Crème fraîche, einige Kerbelstiele

1. Das Kalbsherz halbieren und die Sehnen und Knorpel sorgfältig entfernen. Die Hälften mit Salz und Pfeffer würzen. Die Lauchstange putzen und waschen. Die Stange in etwa 6 cm lange Stücke schneiden, halbieren und längs in feine Streifen schneiden. Die Möhren putzen, waschen und in 6 cm lange Stücke schneiden. Auf dem Gurkenhobel der Länge nach in dünne Scheiben hobeln, dann in feine Streifen schneiden.
2. Öl und 20 g Butter erhitzen und die Herzhälften darin bei starker Hitze anbraten. Mit Portwein ablöschen und zugedeckt bei mittlerer Hitze etwa 10 Minuten schmoren.
3. Die restliche Butter erhitzen und die Gemüsestreifen darin andünsten. Den Wein angießen und das Gemüse zugedeckt in wenigen Minuten bißfest garen.
4. Die Herzhälften herausnehmen und in Alufolie einwickeln. Crème fraîche und Gemüse unter den Bratenfond rühren, kurz aufkochen lassen und mit den Kerbelblättchen bestreuen.
5. Das Herz in dünne Scheiben schneiden – es soll innen noch leicht rosa sein – und auf dem Gemüse anrichten.

Koteletts mit Senfsauce

MECKLENBURG-VORPOMMERN

Für 4 Personen

4 Schweinekoteletts à ca. 200 g, Salz, Pfeffer, 2 EL Mehl, 2 Zwiebeln, 3 EL Keimöl, 30 g Butter, 1/8 l Fleischbrühe, 200 g Sahne, 2 EL kleine Kapern, 2 EL Dijonsenf

1. Das Fleisch der Koteletts ein wenig vom Knochen lösen und den Fettrand etwas einschneiden. Koteletts mit Salz und Pfeffer würzen und in Mehl wenden. Zwiebeln schälen und in kleine Würfel schneiden.
2. Keimöl in einer Pfanne erhitzen. Die Koteletts darin 4 bis 5 Minuten pro Seite braten. Die Koteletts aus der Pfanne nehmen und in Alufolie wickeln. Das Bratfett abgießen, die Butter in der Pfanne aufschäumen lassen und die Zwiebeln darin glasig dünsten.
3. Fleischbrühe und Sahne angießen und bei starker Hitze sämig einkochen lassen. Die Kapern und den Dijonsenf unterrühren, kurz erwärmen und die Koteletts mit der Sauce überziehen.
Dazu schmeckt Kartoffelpüree.

Gefüllte Schnitzel

BAYERN

Für 4 Personen

4 Kalbsschnitzel à ca. 180 g, Salz, Pfeffer, 1 EL Senf, 8 dünne Scheiben Kochsalami, 4 Scheiben Bergkäse, 2–3 EL Mehl, 2 Eier, ca. 100 g Paniermehl, 80 g Butter, 1 Zitrone

1. In die Kalbsschnitzel vom Metzger Taschen schneiden lassen. Die Fleischscheiben waschen, trockentupfen und innen und außen sparsam mit Salz und Pfeffer würzen. Die Taschen mit Senf ausstreichen.
2. Schnitzel mit je zwei Salamischeiben und einer Käsescheibe füllen. Die Öffnungen mit kleinen Holzspießen zustecken.
3. Die gefüllten Schnitzel zuerst in Mehl, dann in den verquirlten Eiern und zum Schluß in Paniermehl wenden. Die Panade gut festdrücken.
4. Die Butter erhitzen und die Schnitzel bei mittlerer Hitze 5 bis 6 Minuten pro Seite braten, dabei mehrmals wenden und mit Bratfett begießen.
5. Schnitzel mit Zitronenvierteln und jungem Frühlingsgemüse, z. B. mit Zuckerschoten und neuen Kartoffeln, servieren.

Lamm auf Gemüse

BERLIN/MARK BRANDENBURG

Für 4 Personen

2 Lammschultern à ca. 700 g, Salz, Pfeffer, 1 Zwiebel, 4 Möhren, 800 g festkochende Kartoffeln, 4 EL Olivenöl extra virgen, 1 Rosmarinzweig, 2 Thymianzweige, 1 Lorbeerblatt, 1/4 l trockener Weißwein, 1/4 l Fleischbrühe

1. Die Lammschultern mit Salz und Pfeffer würzen. Den Backofen auf 160° C vorheizen.
2. Zwiebel schälen, Möhren und Kartoffeln waschen und schälen. Die Möhren in 1/2 cm dicke Scheiben, die Zwiebel in kleine und die Kartoffeln in größere Würfel schneiden.
3. Das Öl in einem großen Bratentopf erhitzen und das Fleisch darin bei starker Hitze anbraten. Die Kräuter hinzufügen und den Weißwein angießen. Zugedeckt etwa 45 Minuten im Backofen schmoren.
4. Nach 45 Minuten das Fleisch aus dem Topf nehmen. Kartoffeln, Zwiebeln und Möhren mit dem Bratenfond vermischen. Das Fleisch darauf legen und die Brühe angießen. Zugedeckt weitere 45 Minuten schmoren. Die letzten 15 Minuten den Deckel abnehmen und die Hitze auf 200° C erhöhen.
5. Die Lammschultern und die Kräuter aus dem Topf nehmen. Das Fleisch von den Knochen lösen, in Scheiben schneiden und auf dem Kartoffel-Möhren-Gemüse anrichten.

Lamm mit Kräuterkruste

BREMEN/NIEDERSACHSEN

Für 4 Personen

1,2 kg Lammrücken (mit Knochen), Salz, Pfeffer, 4 EL Olivenöl extra virgen, 3 Tomaten, 1 Zwiebel, 250 g Egerlinge, 2 Schalotten, 1 Knoblauchzehe, 1 Bund Frühlingskräuter, 2 Eigelb, 1–2 EL Paniermehl, 1/8 l trockener Weißwein, 1/4 l Fleischbrühe

1. Backofen auf 220° C vorheizen. Den Lammrücken waschen und trockentupfen. Mit Salz und Pfeffer einreiben und mit 2 EL Öl bestreichen.
2. Tomaten vierteln, die Zwiebel schälen und kleinschneiden. Beides auf einem tiefen Blech verteilen, den Bratrost mit dem Lammrücken darüberstellen und das Fleisch auf der mittleren Schiene im Backofen 15 Minuten braten.
3. Pilze putzen und wie die geschälten Schalotten und die Knoblauchzehe in kleine Würfel schneiden. Restliches Öl erhitzen, Zwiebeln und Knoblauch darin andünsten. Pilze zufügen und so lange dünsten, bis die Flüssigkeit verdampft ist. Abkühlen lassen. Gehackte Kräuter, Eigelb und Paniermehl untermischen. Farce salzen und pfeffern.
4. Lammrücken mit der Pilzfarce bestreichen und in 5 bis 10 Minuten goldbraun gratinieren. Herausnehmen und mit Alufolie abdecken. Bratenfond und Gemüse in einen Topf geben, Wein und Brühe angießen und aufkochen lassen. Die Sauce pürieren, durch ein Sieb streichen und sämig einkochen lassen.

Panierte Lammkoteletts

BREMEN/NIEDERSACHSEN

Für 4 Personen

8 Lammkoteletts à ca. 100 g, Salz, Pfeffer, 2 EL Dijonsenf, 2 Knoblauchzehen, 2 Eier, ca. 100 g frisch geriebenes Weißbrot, 1 EL gerebelter Thymian (getrocknet), ca. 50 g Mehl, 6 EL Olivenöl extra virgen

1. Das Fleisch der Lammkoteletts ein wenig vom Knochen lösen. Koteletts mit Salz und Pfeffer würzen, mit Senf bestreichen und 15 Minuten marinieren.
2. Die Knoblauchzehen schälen, fein zerdrücken und unter die verquirlten Eier rühren. Geriebenes Weißbrot und Thymian vermischen.
3. Die Koteletts erst in Mehl, dann in Ei und zum Schluß in der Bröselmischung wenden.
4. Das Olivenöl in einer Pfanne erhitzen und die Lammkoteletts bei mittlerer Hitze 3 bis 5 Minuten pro Seite braten. Dazu paßt Kartoffelsalat mit Kresse.

MANFRED SCHWARZ

Anstelle des Thymians kann man auch gehackten Rosmarin oder gemahlene Korianderkörner unter die Panade mischen.

Gegrillte Lammkoteletts

BERLIN/MARK BRANDENBURG

Für 4 Personen

4 Knoblauchzehen, 2 Thymianzweige, 1 Rosmarinzweig, 1 frisches Lorbeerblatt, 2 EL grüner Pfeffer, 8 EL Olivenöl extra virgen, 8 Lammkoteletts à ca. 100 g, Salz

1. Knoblauchzehen schälen und mit den Thymianblättern, den Rosmarinnadeln und dem Lorbeerblatt fein hacken. Die Pfefferkörner mit einem breiten Messer zerdrücken. Kräuter und Pfefferkörner mit Olivenöl verrühren.
2. Die Lammkoteletts waschen und trockentupfen. Mit der Marinade bestreichen und mindestens 1 Stunde durchziehen lassen.
3. Die Koteletts aus der Marinade nehmen, salzen und entweder auf der heißen Glut des Holzkohlengrills oder unter dem Backofengrill 3 bis 5 Minuten pro Seite grillen.

MANFRED SCHWARZ

Am besten schmecken die Lammkoteletts vom Holzkohlengrill mit einer würzigen Sauce, Folienkartoffeln und Salat.

Gefüllte Fleischbällchen

WESTFALEN

Für 4 Personen

1 Brötchen, Milch zum Einweichen, 1 Zwiebel, 1 Knoblauchzehe, 2 EL Keimöl, 2 Eier, 2 EL feingehackte Petersilie, 500 g gemischtes Hackfleisch, 1 TL gerebelter Majoran (getrocknet), Salz, Pfeffer, ca. 200 g Hartkäse (z. B. mittelalter Gouda), 4–6 EL Paniermehl, Keimöl zum Fritieren

1. Die Brötchen in Milch einweichen. Zwiebel und Knoblauch schälen, in kleine Würfel schneiden und im erhitzten Öl glasig dünsten. Mit dem ausgedrückten Brötchen, den Eiern und der Petersilie zum Hackfleisch geben. Zu einem glatten Fleischteig verkneten und mit Majoran, Salz und Pfeffer herzhaft würzen.
2. Den Käse in kleine Würfel schneiden. Von der Hackfleischmasse etwas abnehmen, in der Hand flach drücken, mit Käse füllen und zu Bällchen formen. Bällchen in Paniermehl wälzen und die Panade gut festdrücken.
3. Reichlich Öl in der Friteuse auf 180° C erhitzen und die Fleischbällchen darin portionsweise goldbraun ausbacken. Mit Kartoffelsalat und einer würzigen Cocktailsauce servieren.

Nudel-Schinken-Auflauf

WESTFALEN

Für 4 Personen

1 Zwiebel, 50 g Räucherspeck, 60 g Butter, 200 ml Milch, 200 g Sahne, 4 Eier, 100 g geriebener Emmentaler, 2 EL gehackte Petersilie, ½ TL grobgeschroteter Pfeffer, Salz, Muskatnuß (gerieben), 300 g Hörnchennudeln, 200 g Kochschinken

1. Zwiebel schälen und wie den Räucherspeck in kleine Würfel schneiden. 30 g Butter in einer Pfanne erhitzen, die Speck- und Zwiebelwürfel darin glasig braten und abkühlen lassen. Backofen auf 180° C vorheizen.
2. Milch, Sahne, Eier und die Hälfte geriebenen Emmentaler verquirlen. Petersilie und Pfeffer dazugeben und die Mischung mit Salz und Muskat würzen.
3. Nudeln in kochendem Salzwasser nach Packungsanweisung bißfest kochen. In ein Sieb abgießen und gut abtropfen lassen. Den Kochschinken in kleine Würfel schneiden und mit den Nudeln vermischen.
4. Eine Auflaufform mit 10 g Butter fetten. Die Nudeln und die Schinkenwürfel darin verteilen. Die Eiermilch darübergießen. Auflauf mit dem restlichen Käse und mit Butterflöckchen bestreuen.
5. Auf der mittleren Schiene im Backofen in etwa 30 Minuten goldbraun backen. Mit grünem Salat servieren.

Nudelrolle mit Spinat

THÜRINGEN

Für 4 Personen

200 g Mehl, Salz, 2 Eier, 1 TL Keimöl, 1 kg frischer Spinat, 1 große Zwiebel, 1 Knoblauchzehe, 3 EL Olivenöl, Pfeffer, Muskatnuß (gerieben), 150 g Blauschimmelkäse, 50 g Pinienkerne, 80 g Butter, 3–4 Salbeiblätter

1. Aus Mehl, Salz, Eiern und Öl einen Nudelteig kneten und mit einem Tuch bedeckt 20 Minuten ruhen lassen.
2. Spinat verlesen, waschen und 1 bis 2 Minuten blanchieren. Abtropfen lassen, anschließend gut ausdrücken und mit einem Wiegemesser hacken.
3. Zwiebel und Knoblauchzehe schälen, in Würfel schneiden und im erhitzten Olivenöl glasig braten. Den Spinat hinzufügen und kurz mit andünsten. Würzen und von der Kochstelle nehmen.
4. Den Nudelteig dünn zu einem Rechteck von 30 mal 40 cm ausrollen. Fingerdick mit dem abgekühlten Spinat bestreichen. Den kleingeschnittenen Blauschimmelkäse und die gehackten Pinienkerne darauf verteilen.
5. Von der schmalen Seite her aufrollen und in ein Geschirrtuch wickeln. Die beiden Enden mit einem Bindfaden wie eine Wurst abbinden und die Nudelrolle im leicht siedenden Salzwasser etwa 35 Minuten garen.
6. Herausheben, auspacken und kurz ruhen lassen. Butter mit Salbeiblättern aufschäumen lassen und die in Scheiben geschnittene Nudelrolle damit begießen.

Eierkuchen mit Spinat

SACHSEN

Für 4 Personen

120 g Mehl, Salz, 3 Eier, 100 ml Milch, 100 ml Mineralwasser, 1 EL flüssige Butter, 40 g Räucherspeckwürfel, 2 EL Schalottenwürfel, ½ zerdrückte Knoblauchzehe, 40 g Butter, 300 g Tiefkühl-Blattspinat, Salz, Pfeffer, Muskatnuß (gerieben), 150 g Butterkäse, Keimöl und Butter zum Braten, 30 g geriebener Hartkäse

1. Aus Mehl, Salz, Eiern, Milch, Mineralwasser und der flüssigen Butter einen glatten Eierkuchenteig zubereiten und 20 Minuten ruhen lassen.
2. Für die Füllung Räucherspeck, Schalotten und Knoblauch in 20 g aufgeschäumter Butter glasig dünsten. Den aufgetauten Spinat dazugeben und einige Minuten durchschwenken. Mit Salz, Pfeffer und Muskat würzen und abkühlen lassen.
3. Butterkäse in Würfel schneiden und unter den Spinat mischen. Den Backofen auf 200° C vorheizen.
4. Öl und restliche Butter in einer beschichteten Pfanne erhitzen und nacheinander acht kleine, dünne Pfannkuchen braten. Mit der Spinatmischung füllen, aufrollen und in eine feuerfeste Form schichten. Mit dem geriebenen Hartkäse und mit Butterflöckchen bestreuen und im Backofen 10 bis 15 Minuten gratinieren.

Nudeln mit Fleischwurst

HESSEN

Für 4 Personen

350 g Schmetterlingsnudeln, Salz, 150 g Tiefkühl-Erbsen, 300 g Fleischwurst, 100 g Butterkäse, 4 EL Keimöl, Pfeffer, geriebener Hartkäse (z. B. mittelalter Gouda)

1. Die Nudeln in kochendem Salzwasser nach Packungsanweisung bißfest kochen. 3 Minuten vor Ende der Garzeit die Erbsen hinzufügen und mit garen.
2. Die abgezogene Fleischwurst in feine Streifen, den Butterkäse in kleine Würfel schneiden.
3. Das Öl in einer tiefen Pfanne erhitzen und die Fleischwurststreifen darin anbraten.
5. Nudeln und Erbsen in ein Sieb abgießen und abtropfen lassen. Den Käse und die Fleischwurst dazugeben, mit Pfeffer würzen und mit zwei Löffeln gründlich vermischen. Auf vier Teller verteilen, mit dem geriebenen Hartkäse bestreuen und sofort servieren.

MANFRED SCHWARZ

Wem Fleischwurst nicht würzig genug ist, der bereitet das Nudelgericht mit rohem Schinken zu.

Kartoffelmaultaschen

HESSEN

Für 4 Personen

1 kg gekochte, mehligkochende Kartoffeln (vom Vortag), 1 Ei, 160–180 g Mehl, Salz, Pfeffer, Muskatnuß (gerieben), 1 Bund Frühlingszwiebeln, 30 g Butter, 250 g rohes Bratwurstbrät, 2 EL gehackte Petersilie, 250 g saure Sahne, 40 g Butterschmalz

1. Kartoffeln schälen, reiben und mit Ei und Mehl zu einem glatten Teig verkneten. Mit Salz, Pfeffer und Muskat würzen und zu einer Rolle von etwa 6 cm Durchmesser formen.
2. Frühlingszwiebeln putzen, waschen, in dünne Ringe schneiden und in der aufgeschäumten Butter glasig dünsten. Bratwurstbrät dazugeben und mit anbraten. Petersilie untermischen und die Masse herzhaft abschmecken.
3. Die Kartoffelrolle in 8 Scheiben schneiden. Jede Scheibe auf einem bemehlten Backbrett etwa 2 mm dick ausrollen. Die Teigplätzchen mit saurer Sahne bestreichen und jeweils in die Mitte 1 EL Füllung geben. Plätzchen halbmondförmig zusammenklappen und die Ränder fest zusammendrücken.
4. Die Hälfte Schmalz in einem Bräter erhitzen, die Maultaschen dachziegelartig hineinschichten und mit etwas Schmalz bestreichen. Im Backofen auf der mittleren Schiene in 35 bis 40 Minuten goldbraun backen, dabei mehrmals mit Schmalz bestreichen. Dazu paßt Sauerkraut.

Stampfkartoffeln

WESTFALEN

Für 4 Personen

1 kg mehligkochende Kartoffeln, Salz, 200 ml heiße Milch, Pfeffer, Muskatnuß (gerieben), 150 g Brunnenkresse, 150 g Räucherspeck, 2 EL Keimöl

1. Die Kartoffeln waschen, schälen und in Viertel schneiden. Knapp mit Salzwasser bedecken und in 25 bis 30 Minuten gar kochen. Das Kochwasser abgießen und die Kartoffeln abdampfen lassen.
2. Die Kartoffeln durch eine Kartoffelpresse drücken und die heiße Milch mit einem Kochlöffel unterrühren. Mit Salz, Pfeffer und Muskat würzen.
3. Die Brunnenkresse verlesen, waschen, gut abtropfen lassen und grob hacken. Den Räucherspeck in kleine Würfel schneiden und im erhitzten Öl glasig dünsten.
4. Die Hälfte der Speckwürfel und die Kresse locker unter das Püree rühren. Mit den restlichen Speckwürfeln bestreuen. Mit grünem Salat servieren.

MANFRED SCHWARZ

Im Winter mischt man in Westfalen statt der Brunnenkresse grobgeschnittenen Endiviensalat unter die zerstampften Kartoffeln.

Lauch-Möhren-Gemüse

RHEINLAND

Für 4 Personen

4 dünne Lauchstangen, 1 Bund junge Möhren, 2 EL Olivenöl extra virgen, 30 g Butter, 1/8 l Hühnerbrühe, Salz, weißer Pfeffer, Saft von 1 Zitrone, abgeriebene Schale von 1/2 Zitrone (unbehandelt), 2 EL Senfsprossen oder Pommerysenf

1. Die Lauchstangen putzen, gründlich waschen und schräg in dicke Scheiben schneiden. Die Möhren schälen und ebenfalls schräg in Scheiben schneiden.
2. Öl und Butter erhitzen und den Lauch darin etwa 5 Minuten andünsten. Die Möhren dazugeben, kurz mit andünsten und die Hühnerbrühe angießen. Mit Salz und Pfeffer würzen und zugedeckt bei schwacher Hitze garen.
3. Das Gemüse mit frisch gepreßtem Zitronensaft und mit Zitronenschale abschmecken. Kurz vor dem Servieren Senfsprossen oder Pommerysenf untermischen.

MANFRED SCHWARZ

Mischt man in Streifen geschnittene, geräucherte Rinderzunge unter das Gemüse und serviert Salzkartoffeln dazu, wird daraus eine komplette Mahlzeit. Das Gemüse schmeckt auch als Beilage zu gekochtem Rindfleisch.

Fritierter Blumenkohl

WESTFALEN

Für 4 Personen

1 Blumenkohl à ca. 500 g, Salz, Saft von 1 Zitrone, 100 g Mehl, 30 g geriebener Hartkäse (z. B. Emmentaler), ½ TL Paprikapulver, Cayennepfeffer, 1 Eigelb, 1 EL flüssige Butter, ⅛ l Bier, 2 Eiweiß, Keimöl zum Fritieren

1. Den Blumenkohl putzen, gründlich waschen und in gleichmäßig große Röschen teilen.
2. Reichlich Salzwasser aufkochen und die Blumenkohlröschen darin kurz blanchieren. Mit einem Schaumlöffel herausheben und gut abtropfen lassen. Mit Zitronensaft beträufeln und mindestens 10 Minuten ziehen lassen.
3. Für den Ausbackteig Mehl, Käse, Paprika, Cayennepfeffer und Salz vermischen. Eigelb, flüssige Butter und Bier dazugeben und alles zu einem glatten Teig verrühren. Zum Schluß den steifgeschlagenen Eischnee unterziehen.
4. Das Öl in einer Friteuse auf 180° C erhitzen, die Blumenkohlröschen nacheinander in den Teig tauchen und im heißen Öl goldbraun ausbacken. Nicht zuviele Röschen auf einmal in das Fett geben, damit die Temperatur nicht zu stark sinkt.
5. Röschen auf Küchenpapier abtropfen lassen. Sofort mit einer Sauce Tatare, Sauce Béarnaise oder Sauce Hollandaise und Salat servieren.

Leipziger Allerlei

SACHSEN

Für 4 Personen

10 g getrocknete Morcheln, 200 g weißer Spargel, 200 g junge Möhren (mit Grün), 200 g grüne Bohnen, 200 g ausgepalte frische Erbsen, Salz, 50 g Krebsbutter, 1 Prise Zucker, 125 g Sahne, 4 Hähnchenbrustfilets, Pfeffer, 40 g Butter, 2 EL Keimöl, 600 g kleine, gekochte Kartoffeln, 2 EL gehackte Petersilie

1. Die Morcheln unter fließendem Wasser gründlich reinigen. Mindestens 30 Minuten in lauwarmem Wasser einweichen, anschließend noch einmal gründlich säubern.
2. Spargel und Möhren schälen. Die holzigen Spargelenden abschneiden. Die Bohnen putzen. Gemüse nacheinander in kochendem Salzwasser bißfest garen. Erbsen und Bohnen in eiskaltem Wasser abschrecken.
3. Die Krebsbutter aufschäumen lassen und das Gemüse mit den Morcheln unter Schwenken der Pfanne erhitzen. Mit Salz und Zucker abschmecken und die leicht geschlagene Sahne unterziehen.
4. Die Hähnchenbrustfilets mit Salz und Pfeffer würzen und in Butter und Öl bei mittlerer Hitze etwa 15 Minuten braten. Kurz ruhen lassen, dann in Scheiben schneiden. Die Kartoffeln in heißer Butter schwenken und mit Petersilie bestreuen. Mit dem Leipziger Allerlei und den Hähnchenbrustfilets anrichten.

Grüne Sauce mit Fisch

HESSEN

Für 4 Personen

2 Schalotten, 1 Knoblauchzehe, 1 hartgekochtes Ei, 1 Handvoll Spinatblätter, 1 Bund frische Frühlingskräuter (z. B. Sauerampfer, Schnittlauch, Basilikum, Estragon, Pimpinelle, Bärlauch, Petersilie und Kerbel), 200 g saure Sahne, 3 EL Crème fraîche, 1 TL Senf, Salz, Pfeffer, Cayennepfeffer, Saft von ½ Zitrone, 4 Lachsforellenfilets mit Haut à ca. 180 g, 1 Handvoll Spinatblätter, 40 g Butter, ¼ l Fischfond

1. Schalotten, Knoblauch und das Ei schälen und in kleine Würfel schneiden. Spinat waschen, verlesen und wie die Kräuter fein hacken. Saure Sahne, Crème fraîche und Senf verrühren. Mit Salz, Pfeffer, Cayennepfeffer und Zitrone würzig abschmecken und Spinat und Kräuter untermischen. Die Sauce kalt stellen.

2. Die Forellenfilets mit Salz und Pfeffer würzen. Einen Dämpfeinsatz mit Spinatblättern auslegen, die Forellenfilets mit der Hautseite nach unten darauf legen und mit Butterflöckchen bestreuen.

3. Den Fischfond erhitzen und die Forellenfilets zugedeckt über Dampf 6 bis 8 Minuten garen. Die Fischfilets auf den Spinatblättern anrichten und mit grüner Sauce und Salzkartoffeln servieren.

Gemüsesülze

SAARLAND

Für 4 Personen

6 Stangen weißer Spargel, 2 junge Möhren, 100 g Brokkoli, Salz, 1 Maispoulardenbrustfilet, ½ l Hühnerbrühe, 6 Blatt weiße Gelatine, 150 g geräucherte Rinderzunge, 3 EL Weißweinessig, Salz, 6 Cocktailtomaten, 2–3 Petersilienstiele

1. Spargel und Möhren schälen, Brokkoli in Röschen teilen und alles in kochendem Salzwasser bißfest garen. Mit einem Schaumlöffel herausheben und in eisgekühltes Wasser geben. Die Poulardenbrust in der Hühnerbrühe garen, dann abkühlen lassen. Die Brühe durch ein Haarsieb gießen und die kalt eingeweichte, gut ausgedrückte Gelatine darin auflösen. In 4 Förmchen jeweils einen Geleespiegel gießen und im Kühlschrank erstarren lassen.

2. Spargel, Möhren, Hühnerfleisch und Räucherzunge in kleine Würfel schneiden und mit den Brokkoliröschen unter die Hühnerbrühe mischen. Mit Essig und Salz kräftig abschmecken.

3. Cocktailtomaten in Scheiben schneiden und auf dem Sülzenspiegel anrichten, in die Mitte etwas Petersilie geben. Die restliche Geleeflüssigkeit darauf verteilen und im Kühlschrank erstarren lassen.

4. Sülzen auf gut gekühlte Teller stürzen, mit einem bunten Salat garnieren und mit einer Tomaten- oder Kräutervinaigrette und Bratkartoffeln oder Brot servieren.

Ambrosiacreme

SACHSEN-ANHALT

Für 4 Personen

8 Blatt weiße Gelatine, 2 Blatt rote Gelatine, 250 g rote Johannisbeeren, 4 cl Cassis (Johannisbeerlikör), 100 g Zucker, 2 EL Wasser, ½ l Buttermilch, 200 g Sahne, einige Johannisbeerrispen zum Garnieren

1. Weiße und rote Gelatine in kaltem Wasser einweichen. Johannisbeeren im Küchenmixer pürieren, durch ein Sieb streichen und den Likör unterrühren.
2. Den Zucker mit Wasser sirupartig einkochen. Das Fruchtmark hinzufügen und die gut ausgedrückten Gelatineblätter darin auflösen. Von der Kochplatte nehmen und die Buttermilch unterrühren. So lange kalt stellen, bis die Mischung zu stocken beginnt.
3. Die Sahne steif schlagen und zwei Drittel davon unter die Creme ziehen. Dann in Tassen oder Förmchen füllen und im Kühlschrank erstarren lassen.
4. Kurz vor dem Servieren die Creme stürzen und mit der restlichen Sahne und den Johannisbeerrispen garnieren.

MANFRED SCHWARZ

Die Ambrosiacreme unbedingt gut gekühlt servieren!

Welfenspeise

BREMEN/NIEDERSACHSEN

Für 4 Personen

40 g Speisestärke (z. B. Mondamin), 4 Eigelb, 160 g Zucker, ½ l Milch, ½ Vanilleschote, 1 Ei, 200 ml Weißwein (halbtrocken), etwas abgeriebene Zitronenschale (unbehandelt)

1. Speisestärke, 2 Eigelb und 40 g Zucker in eine Schüssel geben. Etwa ¼ l kalte Milch dazugießen und alles gründlich verrühren.
2. Die restliche Milch mit 40 g Zucker und der aufgeschnittenen Vanilleschote zum Kochen bringen. Von der Kochstelle nehmen, das Vanillemark sorgfältig herauskratzen und unter die Milch rühren.
3. Milch erneut erhitzen und die angerührte Speisestärke mit einem Schneebesen in die kochende Milch gießen. Weiterrühren und mehrmals aufwallen lassen – es muß eine glatte Masse entstehen. Vanillecreme auf vier Dessertschalen verteilen und kalt stellen.
4. Restliche Eigelbe, das Ei und den restlichen Zucker cremig rühren, den Wein und die Zitronenschale dazugeben und über dem Wasserbad schaumig schlagen. Über einer Schüssel mit Eiswasser so lange schlagen, bis der Schaum abgekühlt ist.
5. Den Weinschaum auf der Vanillecreme verteilen und erneut etwa 1 Stunde in den Kühlschrank stellen.

Gemischter Fruchtsalat

SCHWABEN

Für 4 Personen

2 säuerliche Äpfel, 2 Orangen, ½ Honigmelone, 2 Kiwis, 1 Pfirsich, 200 g Erdbeeren, Saft von ½ Orange, Saft von 1 Zitrone, 2 EL Orangenlikör, Zucker, 1 Eigelb, 2 EL Puderzucker, 1 Msp Muskatnuß (gerieben), 8 EL Weißwein (halbtrocken)

1. Äpfel schälen, halbieren, entkernen und in dünne Spalten schneiden. Orangen so schälen, daß auch die weiße Haut völlig entfernt ist. Die Fruchtfilets herausschneiden und dabei den Saft auffangen. Melone entkernen und aus dem Fruchtfleisch mit einem Kugelausstecher kleine Bällchen ausstechen. Restliches Fruchtfleisch pürieren. Die Kiwis schälen und quer in Scheiben schneiden. Pfirsich häuten, halbieren, entkernen und in Spalten schneiden. Die Erdbeeren waschen und halbieren.
2. Die Früchte mit dem Melonenpüree, Orangen- und Zitronensaft begießen. Mit Orangenlikör und Zucker abschmecken und zugedeckt kühl stellen.
3. Eigelb, Puderzucker, Muskat und Wein so lange über dem heißen Wasserbad schlagen, bis ein luftiger Schaum entsteht.
4. Den Fruchtsalat auf Glastellern anrichten und mit Weinschaum beträufeln.

Limettenreiscreme

WESTFALEN

Für 4 Personen

½ l Milch, 1 Prise Salz, 120 g Rundkornreis, abgeriebene Schale von 1 Limette, 60 g Zucker, 3 Blatt weiße Gelatine, 2 Eigelb, Saft von 1 Limette, 2 Eiweiß, 125 g Sahne, Limettenschalenstreifen, 150 g Erdbeeren

1. Die Milch mit Salz und Reis aufkochen. Limettenschale und 30 g Zucker hinzufügen und unter gelegentlichem Umrühren bei schwacher Hitze etwa 40 Minuten ausquellen lassen.
2. Die Gelatineblätter in kaltem Wasser einweichen, gut ausdrücken und unter den heißen Reisbrei rühren. Abkühlen lassen und kalt stellen.
3. Eigelb mit dem restlichen Zucker und dem Limettensaft schaumig schlagen. Den abgekühlten Reisbrei unterrühren. Eiweiß und Sahne getrennt steif schlagen und unter die Reiscreme ziehen. Die Masse in Förmchen füllen und einige Stunden im Kühlschrank erstarren lassen.
4. Die Limettenreiscreme auf Teller stürzen, mit Limettenschalenstreifen garnieren und mit den gewaschenen, halbierten Erdbeeren anrichten.

Rhabarbergrütze

BREMEN/NIEDERSACHSEN

Für 4 Personen

500 g Rhabarber, 400 ml Weißwein (halbtrocken), 80–100 g Zucker, ½ TL frische, geriebene Ingwerwurzel, etwas abgeriebene Zitronenschale (unbehandelt), 40 g Speisestärke (z. B. Mondamin), 2 EL Erdbeerlikör, 250 g Erdbeeren, einige frische Minzezweige

1. Den Rhabarber schälen und in Stücke schneiden.
2. Wein, Zucker, Ingwer und Zitronenschale erhitzen und den Rhabarber darin weich kochen. Die Stücke dürfen dabei nicht zerfallen. Die Fruchtstücke mit einem Schaumlöffel herausheben und beiseite legen.
3. Die Flüssigkeit nochmals aufkochen. Die Speisestärke mit Likör anrühren und unter die Flüssigkeit rühren. Aufkochen lassen, die geputzten und halbierten Erdbeeren zufügen und kurz erhitzen. Zum Schluß die gegarten Rhabarberstückchen untermischen.
4. Die Grütze in Schalen oder in tiefe Teller füllen und kalt stellen. Mit Minzezweigen garnieren und mit Vanilleeis servieren.

Plettenpudding

HAMBURG/SCHLESWIG-HOLSTEIN

Für 6–8 Personen

40 g Speisestärke (z. B. Mondamin), 3 Eigelb, 80 g Zucker, ½ l Milch, Mark von 1 Vanilleschote, 250 g Sahne, 250 g weiche Löffelbiskuits, 3 EL Himbeerkonfitüre, 1 EL schwarze Johannisbeerkonfitüre, 3 EL Preiselbeersirup, 500 g gemischte Beerenfrüchte, 4 cl Grand Marnier, 200 ml Sherry (Amontillado, halbtrocken), 250 g Sahne

1. Speisestärke, Eigelb und Zucker verrühren. Milch und Vanillemark aufkochen und die Stärkemischung unter Rühren hineingießen. Kurz köcheln lassen, dann durch ein feines Sieb streichen und abkühlen lassen. Zum Schluß die steifgeschlagene Sahne unterziehen.
2. Den Boden einer rechteckigen Form mit der Hälfte der Löffelbiskuits auslegen. Konfitüren und Sirup verrühren. Die Beeren mit Grand Marnier begießen.
3. Die Biskuits mit 100 ml Sherry beträufeln und mit der Hälfte der Konfitürenmischung bestreichen. Die Hälfte der Creme und der Beeren darüber verteilen. Mit den restlichen Löffelbiskuits bedecken und die übrigen Zutaten in der gleichen Reihenfolge darüber verteilen. Einige Beeren zum Garnieren zurückbehalten. Den Plettenpudding einige Stunden im Kühlschrank durchziehen lassen.
4. Kurz vor dem Servieren üppig mit steifgeschlagener Sahne und den restlichen Beeren garnieren.

Grießflammeri

RHEINLAND

Für 4 Personen

½ l Milch, 1 Msp Vanillemark, 100 g Zucker, 1 Prise Salz, 70 g Hartweizengrieß, abgeriebene Schale von 1 Orange (unbehandelt), 2 Eigelb, 2 Eiweiß, 250 g Erdbeeren

1. Milch, Vanillemark, 60 g Zucker und das Salz zum Kochen bringen.
2. Den Grieß einstreuen und unter Rühren aufkochen lassen. Orangenschale daruntermischen und den Grießbrei einige Minuten unter weiterem Rühren ausquellen lassen.
3. Eigelb erst mit wenig heißem Grießbrei verrühren, dann unter den restlichen Brei mischen und abkühlen lassen.
4. Eiweiß steif schlagen, dabei 2 EL Zucker einrieseln lassen. Den Schnee unter den Grießbrei ziehen, die Masse in kalt ausgespülte Formen füllen und kalt stellen.
5. Die Erdbeeren putzen und waschen. Etwa ein Drittel davon mit dem restlichen Zucker im Küchenmixer pürieren und durch ein feines Sieb streichen. Mit den restlichen halbierten Erdbeeren vermischen und mindestens 15 Minuten durchziehen lassen.
6. Kurz vor dem Servieren die Creme stürzen und mit den marinierten Erdbeeren anrichten.

Gratinierte Erdbeeren

BERLIN/MARK BRANDENBURG

Für 4 Personen

500 g Erdbeeren, 2 EL Orangenlikör, Zucker, 2 Eiweiß, 40 g Zucker, 1 TL Zitronensaft, 2 Eigelb, 2 EL grobgehackte, gehäutete Mandeln, Butter für die Form, 2 EL Mandelblättchen

1. Erdbeeren waschen, putzen und der Länge nach in Scheiben schneiden. Mit Orangenlikör beträufeln, nach Belieben zuckern und etwa 10 Minuten marinieren. Den Backofen auf 210° C vorheizen.
2. Eiweiß steif schlagen und dabei nach und nach den Zucker und den Zitronensaft hinzufügen. Eigelb und gehackte Mandeln unterziehen.
3. Eine feuerfeste Form mit Butter ausstreichen und mit Zucker ausstreuen. Die Erdbeeren hineingeben. Den Mandelschaum darüber verteilen und mit Mandelblättchen bestreuen.
4. Erdbeeren auf der mittleren Schiene im Backofen etwa 20 Minuten gratinieren.

MANFRED SCHWARZ

Das Früchtegratin schmeckt auch köstlich mit frischen Orangenfilets und Erdbeeren oder einer bunten Waldbeerenmischung.

Vanillewaffeln

BREMEN/NIEDERSACHSEN

Für 4 Personen

150 g Butter, ca. 90 g Zucker, 1 Prise Salz, Mark von 1 Vanilleschote, 3 Eier, 100 g Mehl, 30 g Speisestärke (z. B. Mondamin), Butterschmalz zum Backen, Vanillezucker und Puderzucker zum Bestäuben, 250 g frische, gemischte Beeren, (z. B. Erdbeeren, Johannisbeeren, Himbeeren und Brombeeren), 200 g Sahne, 1 EL Vanillezucker

1. Butter, 80 g Zucker, Salz und das Vanillemark cremig rühren und nach und nach die Eier dazugeben. Mehl und Speisestärke vermischen und unter die Schaummasse rühren.

2. Das Waffeleisen vorheizen und mit etwas Butterschmalz einfetten. Einige Eßlöffel Teig hineingeben, verstreichen und das Eisen schließen. Bei mittlerer Hitze zu goldbraunen Waffeln backen. Auf diese Weise alle Waffeln herstellen und auf einem Kuchengitter im warmen Backofen nebeneinanderliegend warm halten. Vanillezucker und Puderzucker vermischen und die Waffeln damit bestäuben.

3. Die Beeren verlesen, putzen, mit dem restlichen Zucker bestreuen und etwa 15 Minuten durchziehen lassen. Die Sahne mit dem Vanillezucker halbsteif schlagen und mit den Beeren zu den Waffeln servieren.

Frankfurter Pudding

HESSEN

Für 4 Personen

100 g Butter,1 EL Vanillezucker, 1 Prise Salz, 4 Eigelb, 100 g Biskuitbrösel, 50 g gemahlene, geschälte Mandeln, abgeriebene Schale von ½ Zitrone (unbehandelt), 4 Eiweiß, 80 g Zucker

1. 80 g Butter, Vanillezucker und Salz cremig rühren. Nach und nach Eigelb hinzufügen und zum Schluß die Biskuitbrösel, Mandeln und Zitronenschale unterrühren. Eiweiß zu steifem Schnee schlagen, dabei den Zucker einrieseln lassen und gleichmäßig unterziehen.

2. Eine Kochpuddingform mitsamt Deckel mit der restlichen Butter ausfetten und die Masse einfüllen. Die Form mit einem Deckel verschließen und im heißen Wasserbad in leicht siedendem Wasser etwa 25 Minuten garen.

3. Den Pudding vorsichtig aus der Form lösen und auf einen Teller stürzen. Mit frischen Beeren, Kompott oder mit Bischofssauce servieren.

MANFRED SCHWARZ

Frankfurter Pudding wird häufig mit Bischofssauce serviert. Dazu kocht man einen guten Rotwein mit verschiedenen Gewürzen, wie Gewürznelken, Zimt und Zitrusschalen, und bindet die Mischung mit Stärke. Verfeinert wird die Sauce mit Rosinen.

Förtchen

BREMEN/NIEDERSACHSEN

Für 4 Personen

10 g Hefe, 150 ml lauwarme Milch, 3 EL Zucker 100 g Mehl, 1 Prise Salz, Schale von ½ Zitrone (unbehandelt), 1 kleines Ei, Butterschmalz zum Braten, gemahlener Zimt nach Geschmack, 3–4 EL schwarze Johannisbeerkonfitüre

1. Die Hefe in die Milch bröckeln, 1 Prise Zucker dazugeben und mit etwas Mehl verrühren. Mit einem Tuch bedeckt 15 Minuten an einem warmen Ort gehen lassen.
2. Mehl, 1 EL Zucker, Salz, Zitronenschale und Ei hinzufügen und alles zu einem glatten, dickflüssigen Hefeteig verrühren. Zugedeckt 30 Minuten gehen lassen.
3. Eine Spiegeleier- oder Förtchenpfanne mit flüssigem Butterschmalz bestreichen. Den Teig mit einem Eßlöffel in die Vertiefungen geben und die Oberfläche mit dem Löffelrücken glattstreichen. Auf jeder Seite in 2 bis 3 Minuten goldbraun braten.
4. Restlichen Zucker und Zimt in einem tiefen Teller vermischen und die Förtchen darin wenden. Je 1 TL Konfitüre darauf setzen und sofort servieren.

Quarkkeulchen

SACHSEN

Für 4 Personen

500 g Magerquark, 50 g Rosinen, 4 cl Weinbrand, 500 g gekochte, mehligkochende Kartoffeln (vom Vortag), 50 g Puderzucker, 1 EL Vanillezucker, 1 Prise Salz, 2 Eier, ca. 100 g Mehl, Butterschmalz zum Braten, Puderzucker zum Bestäuben, je 100 g Erdbeeren, Himbeeren, rote und schwarze Johannisbeeren, 2 EL Zucker, 2 EL Johannisbeerlikör

1. Den Quark in ein Sieb geben und über Nacht abtropfen lassen. Die Rosinen in Weinbrand einlegen.
2. Die Kartoffeln schälen und fein reiben. Puderzucker, Vanillezucker, Salz, Eier, Quark, eingeweichte Rosinen und das Mehl zu den Kartoffeln geben und rasch zu einem geschmeidigen Teig verkneten. Ovale Plätzchen daraus formen.
3. Butterschmalz in einer Pfanne erhitzen und die Quarkkeulchen darin auf beiden Seiten goldbraun braten.
4. Jeweils die Hälfte der Beeren mit Zucker im Küchenmixer fein pürieren, durch ein Sieb streichen und mit Likör abschmecken. Mit den restlichen Beeren vermischen. Mindestens 30 Minuten durchziehen lassen.
5. Die Quarkkeulchen mit Puderzucker bestäuben und mit dem Beerensalat anrichten.

Eierkuchen mit Spargel

BADEN

Für 4 Personen

200 g Mehl, Salz, 4 Eier, 400 ml Milch, 1 EL frisch gehackte Petersilie, 100 g zerlassene Butter, 1 kg weißer Spargel, 1 TL Zucker, 3 Eigelb, 2 EL Weißwein, 2 EL Spargelfond, Saft von ½ Zitrone, weißer Pfeffer, 1 EL frisch geriebener Hartkäse, 1 TL feingehackter, glatter Bärlauch, 1 EL geschlagene Sahne

1. Mehl, Salz, Eier, Milch, Petersilie und 20 g Butter in einen hohen Becher geben und mit dem Stabmixer zu einem glatten Teig verquirlen. 30 Minuten quellen lassen.
2. Spargel schälen, die unteren, harten Enden entfernen. Wasser mit Salz und Zucker zum Kochen bringen und die Spargelstangen darin bißfest kochen. Herausnehmen und gut abtropfen lassen, das Kochwasser aufbewahren.
3. In einer beschichteten Pfanne etwas Butter erhitzen und nacheinander 4 dünne Eierkuchen backen. Im Backofen warm halten.
4. Für die Sauce die Eigelbe mit Wein und lauwarmem Spargelfond verquirlen und über einem Wasserbad dickcremig aufschlagen. Von der Kochplatte nehmen und nach und nach die restlichen 60 g flüssige Butter mit einem Schneebesen unterschlagen. Mit Zitronensaft, Salz, Pfeffer, Käse und Bärlauch würzig abschmecken und die steifgeschlagene Sahne unterziehen.
5. Die Eierkuchen mit den halbierten Spargelstangen füllen und mit der Sauce beträufeln.

Gebratene Lammkoteletts mit Frühlingsgemüse

BREMEN/NIEDERSACHSEN

Für 4 Personen

250 g grüner Spargel, 1 Bund Frühlingsmöhren, 1 Bund weiße Rübchen, 400 g neue, kleine Kartoffeln, 12 küchenfertige Lammkoteletts, Salz, Pfeffer, 2–3 EL feinwürziger Senf, 1–2 EL Sahne, 100 ml flüssige Butter, 100 g frisch geriebenes Weißbrot, Butter zum Braten, 100 ml Lammfond, 200 g Sahne, etwas frisch gehackter Thymian, 50 g eiskalte Butter, 1 EL gehackte Thymianblätter

1. Die Gemüsesorten waschen, putzen, schälen und in wenig Salzwasser nacheinander bißfest kochen.
2. Von den Lammkoteletts das Fleisch ein wenig vom Knochenende lösen und gut mit Salz und Pfeffer würzen. Den Senf mit etwas Sahne glattrühren und die Koteletts damit bestreichen. Anschließend die Koteletts nacheinander in der flüssigen Butter, dann in den Weißbrotbröseln wenden.
3. Wenig Butter in einer beschichteten Pfanne erhitzen und die Koteletts darin nach und nach bei mittlerer Hitze goldbraun braten. Im heißen Backofen warm halten.
4. Lammfond und Sahne um die Hälfte einkochen und die eiskalte Butter und den Thymian mit einem Stabmixer unterschlagen. Mit Salz und Pfeffer würzen.
5. Spargel, Möhren und Rübchen in zerlassener Butter schwenken. Die restliche Butter mit dem Thymian goldbraun werden lassen und die in Scheiben geschnittenen Kartoffeln darin anbraten.
6. Das Gemüse fächerförmig auf den Tellern verteilen, mit den knusprig gebratenen Koteletts belegen und mit der Sauce beträufeln.

Rhabarbertörtchen

SAARLAND

Für 4 Personen

150 g Mehl, 1 Prise Salz, 90 g Zucker, 100 g eiskalte Butter, 3–5 EL Eiswasser, Fett für die Förmchen, 20 g Speisestärke, 1 Eigelb, 1/4 l Milch, 2 EL Orangenlikör, 2 EL geschlagene Sahne, 250 g gekochte Rhabarberstückchen, 100 g Erdbeeren

1. Aus Mehl, Salz, 50 g Zucker, Butter und Eiswasser einen Mürbeteig zubereiten. Dünn ausrollen, vier gefettete Förmchen damit belegen und im 200° C heißen Backofen goldbraun backen.

2. Speisestärke, Eigelb und 40 g Zucker verrühren und in die kochende Milch einlaufen lassen. Kurz aufkochen und mit Orangenlikör verfeinern. Die Creme abkühlen lassen, die geschlagene Sahne unterziehen und auf den Törtchen verteilen. Mit gegarten Rhabarberstückchen und halbierten Erdbeeren belegen.

MANFRED SCHWARZ

Alles, was im Frühjahr die Feinschmeckerherzen höher schlagen läßt, ist in diesem Menü vereint: knackig frischer Spargel, aromatischer Bärlauch, zartes Lammfleisch und zu guter Letzt die klassischen Frühlingsfrüchte Erdbeeren und Rhabarber.

Sommerküche

Wer steht an heißen Sommertagen schon gern lange in der Küche? Schnelle und leichtbekömmliche Gerichte sind angesagt, wenn die Sonne scheint und das Thermometer in die Höhe klettert. Gehen Sie jetzt verschwenderisch mit aromatischen Kräutern, frischem Gemüse und Obst um.

Marinierte Saiblingsfilets

SCHWABEN

Für 4 Personen

2 Saiblinge à 350 g, 1/4 l Wasser, 1/4 l trockener Weißwein, 1 Bund Suppengrün, 1 Thymianzweig, 1 Lorbeerblatt, 1/2 TL Pfefferkörner, 1/2 TL Fenchelsamen, 1 Stück Orangenschale (unbehandelt), 1 große Möhre, 1 große Petersilienwurzel, 2 Selleriestangen, 2 EL Weißweinessig, Salz, Pfeffer, 1 TL Kräutersenf, Saft von 1/2 Orange, 5 EL Olivenöl extra virgen, 1 Bund Schnittlauch

1. Die Saiblinge waschen. Das Wasser und den Wein mit dem kleingeschnittenen Suppengrün, Thymian, Lorbeer, Pfefferkörnern, Fenchelsamen und Orangenschale in einem breiten, flachen Topf 20 Minuten köcheln lassen. Die Saiblinge hineinlegen und 10 Minuten pochieren. Möhre und Petersilienwurzel schälen und wie die geputzten Selleriestangen in kleine Würfel schneiden.
2. Die Fische herausheben und ein wenig abkühlen lassen. Den Sud durch ein Sieb gießen, aufkochen und die Gemüsewürfel darin bißfest garen.
3. Die Fische enthäuten, halbieren und die Mittelgräte sowie die kleinen Gräten entfernen. Filets auf einer Platte anrichten und mit den Gemüsewürfeln bestreuen.
4. Für die Marinade die restlichen Zutaten verquirlen, etwas Kochsud hinzufügen und über die Fischfilets gießen. Mindestens 2 Stunden im Kühlschrank durchziehen lassen. Mit feingeschnittenem Schnittlauch bestreuen.

Heringshäckerle

BREMEN/NIEDERSACHSEN

Für 4 Personen

4 frische Matjesfilets à ca. 300 g, 1 Essiggurke, 1 kleiner Apfel, 2 Schalotten, 1 EL Kapern, 1 EL Keimöl, Pfeffer, 8 runde Scheiben Pumpernickel, 1 EL feingeschnittener Dill

1. Matjesfilets erst in kleine Würfel schneiden, dann mit dem Wiegemesser fein hacken. Die Essiggurke, den geschälten, entkernten Apfel und die geschälten Schalotten in kleine Würfel schneiden.
2. Alles miteinander vermischen, die Kapern und das Öl dazugeben und mit Pfeffer würzig abschmecken.
3. Das Heringshäckerle auf den Pumpernickelscheiben anrichten und mit Dill bestreuen.

MANFRED SCHWARZ

Matjes sollten Sie vor dem Zubereiten unbedingt probieren. Holländische Matjes sind nämlich besonders mild, deutsche Matjes jedoch ziemlich salzig, und es ist daher ratsam, sie vor der Zubereitung zu wässern.

Mariniertes Fleisch

SACHSEN-ANHALT

Für 4 Personen

1 Möhre (mit Grün), 100 g Knollensellerie, 1 Kohlrabi (mit Grün), ca. 1/4 l Kalbsfond, 2 EL Weißweinessig, 1 TL geriebener Meerrettich, Salz, Pfeffer, 5 EL Keimöl, 400 g gekochtes Rindfleisch

1. Möhre, Knollensellerie und Kohlrabi putzen, schälen und erst in dünne Scheiben, dann in etwa 6 cm lange, feine Streifen schneiden. Die zarten grünen Blätter von Möhre und Kohlrabi fein hacken.
2. Die Gemüsestreifen kurz im kochenden Kalbsfond blanchieren. Mit einem Schaumlöffel herausheben und in eine Schüssel geben. Den Fond um etwa die Hälfte einkochen lassen. Von der Kochplatte nehmen und mit Essig, Meerrettich, Salz, Pfeffer und Öl verquirlen. Über die Gemüsestreifen gießen und durchziehen lassen.
3. Das Fleisch in sehr dünne Scheiben schneiden und auf vier Tellern anrichten. Das Fleisch mit der Marinade beträufeln und das Gemüse darauf anrichten. Mit den feingeschnittenen Gemüseblättern bestreuen. Wer möchte, träufelt noch etwas Sauce Hollandaise darüber.

Handkäs mit Musik

HESSEN

Für 4 Personen

2 rote Paprikaschoten, 1 Zwiebel, 2–3 EL Weißweinessig, 1 TL mittelscharfer Senf, Salz, Pfeffer, 3–4 EL Kalbsfond, 3 EL Keimöl, 2 EL Basilico-Öl, 8 kleine Sauermilchkäse (z. B. Harzer Käse), 1 Handvoll gemischte Salatblätter

1. Die Paprikaschoten waschen, halbieren und die Stielansätze und die Trennwände entfernen. Die Paprikahälften und die geschälte Zwiebel in kleine Würfel schneiden.
2. Weißweinessig mit Senf, Salz und Pfeffer verrühren. Unter Rühren mit einem Schneebesen Kalbsfond, Keimöl und Basilico-Öl dazugießen.
3. Die Harzer Käse mit der Hälfte der Marinade bestreichen und mindestens 30 Minuten marinieren.
4. Die Salatblätter putzen, waschen und gut abgetropft in mundgerechte Stücke zupfen. Auf einer Platte verteilen und die Käse darauf anrichten. Mit Paprika- und Zwiebelwürfeln bestreuen und mit der Vinaigrette beträufeln.
In Hessen trinkt man Äppelwoi dazu.

Salat mit Hähnchenleber

SAARLAND

Für 4 Personen

4 Tomaten, 200 g Hähnchenlebern, 2 EL Keimöl, Salz, Pfeffer, gerebelter Thymian (getrocknet), 1 EL Portwein, 1 TL Senf, 1 TL Aceto Balsamico, 2 EL Rotweinessig, 2 EL Keimöl, 2 EL Olivenöl extra virgen, 50 g durchwachsener Räucherspeck, 200 g gemischte Salatblätter, 2 EL gehackte Petersilie

1. Die Tomaten kurz blanchieren, häuten, halbieren, entkernen und in kleine Würfel schneiden. Die Hähnchenlebern säubern, waschen, trockentupfen und in heißem Öl bei starker Hitze anbraten. Mit Salz, Pfeffer und Thymian würzen und mit Portwein ablöschen. Kurz kochen lassen, dann von der Kochstelle nehmen.
2. Senf, Aceto Balsamico, Rotweinessig und etwas Salz verquirlen, Keimöl und Olivenöl unterrühren und den Bratenfond dazugießen.
3. Den Räucherspeck in kleine Würfel schneiden und in einer Pfanne ohne Fett knusprig braten.
4. Die gewaschenen und abgetropften Salatblätter mit der Vinaigrette vermischen und auf vier Tellern verteilen. Hähnchenleber darauf anrichten, mit Speck- und Tomatenwürfeln sowie gehackter Petersilie bestreut servieren.

Salat mit Pilzen

SAARLAND

Für 4 Personen

250 g kleine Shiitake-Pilze, 2 Schalotten, 30 g Butter, 2 EL Madeira, 300 g gekochtes Rind- oder Kalbfleisch, 2 EL frische Kräuter, 2 EL Sherryessig, 1 TL Aceto Balsamico, Salz, Pfeffer, 5 EL Keimöl, 8 Cocktailtomaten, 1 Handvoll Salatblätter

1. Pilze putzen und je nach Größe halbieren. Schalotten schälen, in kleine Würfel schneiden und in der aufgeschäumten Butter glasig dünsten. Die Pilze dazugeben und kurz mit anbraten. Mit Madeira ablöschen, kurz kochen lassen und von der Kochplatte nehmen.
2. Das Fleisch erst in dünne Scheiben, dann in feine Streifen schneiden und mit den gewaschenen Kräuterblättern vermischen. Für die Marinade Sherryessig, Aceto Balsamico, Salz, Pfeffer und Öl verquirlen. Das Fleisch mit zwei Dritteln der Marinade mischen.
3. Die Cocktailtomaten waschen, halbieren und unter den Fleischsalat heben.
4. Die Salatblätter waschen, trockentupfen und mit der restlichen Vinaigrette mischen. Auf vier Tellern verteilen und den Fleischsalat darauf anrichten.

Bohnensalat

HAMBURG/SCHLESWIG-HOLSTEIN

Für 4 Personen

250 g Stangenbohnen, 250 g Wachsbohnen, Salz, 1 Bund Frühlingszwiebeln, 200 g Cocktailtomaten, 2 Handvoll Sojabohnensprossen, 3–4 EL Weißweinessig, 1 TL Dijonsenf, Salz, Pfeffer, 2 EL Olivenöl extra virgen, 2 EL Haselnußöl, 50 g geröstete, grobgehackte Haselnüsse, 1 EL feingehackte Petersilie

1. Die Bohnen putzen, waschen und in wenig kochendem Salzwasser in etwa 15 Minuten bißfest garen.
2. Die Frühlingszwiebeln putzen, waschen und in dünne Ringe schneiden.
3. Tomaten waschen, Stielansätze entfernen und die Tomaten vierteln. Sojabohnensprossen kurz abbrausen und mit Tomaten und Zwiebeln in einer Schüssel vermischen.
4. Essig, Senf, Salz, Pfeffer und Öl zu einer Vinaigrette verrühren.
5. Die Bohnen in einem Sieb abtropfen lassen, etwas Kochflüssigkeit aufbewahren. Die Vinaigrette mit den Bohnen vermischen, etwas Kochwasser dazugeben und durchziehen lassen.
6. Zwiebeln, Tomaten und Sojabohnensprossen unter den Bohnensalat mischen und den Salat mit Haselnüssen und Petersilie bestreut servieren.

Kartoffel-Sellerie-Salat

RHEINLAND

Für 4 Personen

800 g festkochende Kartoffeln, ½ Zwiebel, ⅛ l heiße Fleischbrühe, 2 EL Weißweinessig, 3–4 EL Apfelessig, 2 EL Apfelsaft, Salz, Pfeffer, 2 EL Keimöl, 2 EL Walnußöl, 2 rotschalige Äpfel, 150 g gekochte Selleriescheiben (aus dem Glas), 4 EL Mayonnaise, 2 EL grobgehackte Walnüsse

1. Die Kartoffeln in wenig kochendem Wasser garen. Abgießen, abdampfen lassen, schälen und in dünne Scheiben schneiden. Die Zwiebel schälen und in kleine Würfel schneiden.
2. Brühe, Weißwein- und Apfelessig, Apfelsaft, Salz, Pfeffer, Keimöl und 1 EL Walnußöl verquirlen und die Kartoffeln damit begießen. Mit zwei Löffeln gründlich vermischen und mindestens 15 Minuten ziehen lassen.
3. Die Äpfel waschen, halbieren und entkernen. Die Apfelhälften und die Selleriescheiben in Würfel schneiden.
4. Die Mayonnaise sowie die Apfel- und Selleriewürfel unter den Salat ziehen. Die Walnüsse im restlichen Walnußöl bei mittlerer Hitze rösten und den Salat damit bestreuen.

Badischer Wurstsalat

BADEN

Für 4 Personen

400 g Kalbfleischwurst, 200 g Emmentaler Käse (in dünnen Scheiben), 2 große Essiggurken, 1 Zwiebel, 1 Knoblauchzehe, 1 TL Senf, Salz, Pfeffer, 1 Msp Zucker, 3–4 EL Weißweinessig, 4 EL Gurkensud, 4 EL Fleischbrühe, 5 EL Keimöl, 1 Bund Schnittlauch

1. Die abgezogene Kalbfleischwurst am besten vom Metzger dünn aufschneiden lassen, dann in schmale Streifen schneiden.
2. Die Käsescheiben je nach Größe ein- oder zweimal längs halbieren, dann quer in feine Streifen schneiden. Essiggurken erst der Länge nach in feine Scheiben, dann quer in dünne Streifen schneiden.
3. Zwiebel schälen, halbieren und in kleine Würfel schneiden. Knoblauchzehe halbieren und eine Salatschüssel damit ausreiben. Die vorbereiteten Zutaten hineingeben.
4. Für die Vinaigrette Senf mit Salz, Pfeffer, Zucker und Essig so lange verrühren, bis sich Salz und Zucker aufgelöst haben. Unter weiterem Rühren den Gurkensud, die Fleischbrühe und das Öl dazugießen.
5. Den Salat mit der Vinaigrette vermischen und gut durchziehen lassen. Vor dem Servieren mit feingeschnittenem Schnittlauch bestreuen.

Bayerischer Wurstsalat

BAYERN

Für 4 Personen

14–16 Regensburger Würste, ½ l kalte Brühe, 6–8 EL Weißweinessig, 8 EL Keimöl, Salz, Pfeffer, 6 kleine Zwiebeln, 1 Bund Schnittlauch

1. Die Würste häuten, in dünne Scheiben schneiden und in eine Schüssel geben oder auf einer tiefen Platte anrichten.
2. Für die Marinade Brühe, Weißweinessig, Keimöl, etwas Salz und Pfeffer verquirlen und darübergießen. Die Wurstscheiben einige Stunden marinieren.
3. Etwa 1 Stunde vor dem Servieren die geschälten Zwiebeln in feine Ringe schneiden und untermischen. Den Wurstsalat mit Schnittlauchröllchen bestreut servieren.

MANFRED SCHWARZ

Wenn Sie keine Regensburger bekommen, dann bereiten Sie den Salat mit Fleischwurst zu. Wichtig ist, daß der Salat gut durchziehen kann.

Zum Wurstsalat passen Roggensemmeln, ein herzhaftes Schwarzbrot oder eine knusprige Brezel und natürlich ein kühles Bier vom Faß.

Spätzlesalat

SCHWABEN

Für 4 Personen

500 g selbstgemachte Spätzle, 1/8 l kalte Fleischbrühe, 2–3 EL Weißweinessig, 1 EL Aceto Balsamico, Salz, Pfeffer, 1 TL mittelscharfer Senf, 50 g durchwachsener Räucherspeck, 1 kleine Zwiebel, 3 EL Keimöl, 2 Paar Wiener Würstchen, 1/2 Bund frischer Majoran

1. Die gegarten, abgekühlten Spätzle in eine große Schüssel geben. Brühe, Weißweinessig, Aceto Balsamico, etwas Salz, Pfeffer und Senf verquirlen. Die Spätzle damit begießen, gründlich vermischen und gut durchziehen lassen.
2. Den Räucherspeck und die geschälte Zwiebel in kleine Würfel schneiden und im heißen Öl glasig dünsten. Die in Scheiben geschnittenen Würstchen dazugeben und mit anbraten. Majoran waschen und trockenschütteln. Die abgezupften Majoranblätter, Zwiebeln, Räucherspeck und Würstchen unter die marinierten Spätzle mischen.

MANFRED SCHWARZ

An heißen Sommertagen ein herrlich erfrischendes Essen, das man gut in den kühlen Morgenstunden zubereiten kann.

Schinkensalat

WESTFALEN

Für 4 Personen

2 Möhren, 250 g weißer Spargel, Salz, 100 g Tiefkühl-Erbsen, 300 g gekochter Schinken, 100 g Emmentaler Käse, 1 Bund Frühlingskräuter, 2 EL Weißweinessig, 1 EL Estragonessig, 3–4 EL Gemüsekochwasser, Pfeffer, 1/2 TL Currypulver, 2 EL Keimöl, 3 EL Mayonnaise, Cayennepfeffer

1. Möhren und Spargel schälen. Die holzigen Spargelenden entfernen. Die Möhren in etwa 1 cm große Würfel, den Spargel in 1 cm dicke Scheiben schneiden. Beides in wenig kochendem Salzwasser bißfest kochen. Kurz vor Ende der Garzeit die Erbsen dazugeben. Das Gemüse mit einem Schaumlöffel herausheben und in eiskaltem Wasser abschrecken.
2. Schinken und Käse in kleine Würfel schneiden und mit dem Gemüse vermischen. Die Kräuter waschen und trockenschütteln. Die Blättchen abzupfen, hacken und zum Salat geben.
3. Weißwein- und Estragonessig mit etwas Gemüsekochwasser, Salz, Pfeffer, Curry und Öl verquirlen und den Salat damit marinieren. Etwa 30 Minuten durchziehen lassen, dann die Mayonnaise unterziehen und den Schinkensalat mit Cayennepfeffer würzig abschmecken.

Frische Erbsensuppe

RHEINLAND

Für 4 Personen

2 Schalotten, 50 g Butter, 300 g ausgepalte Erbsen, 1 Prise Zucker, Salz, weißer Pfeffer, 400 ml Hühnerbrühe, 125 g Sahne, 2 Scheiben Toastbrot, einige Kerbelzweige

1. Schalotten schälen, in kleine Würfel schneiden und in 30 g Butter glasig dünsten.
2. Die Erbsen dazugeben und kurz mit andünsten. Mit Zucker, Salz und Pfeffer würzen und die Hühnerbrühe angießen. Zugedeckt etwa 10 Minuten köcheln lassen.
3. Die Suppe mit einem Stabmixer oder im Küchenmixer fein pürieren. Durch ein Sieb streichen und zurück in den Topf gießen. Die Hälfte der Sahne dazugeben und etwas einkochen lassen. Die restliche Sahne steif schlagen. Das Toastbrot in kleine Würfel schneiden und in der restlichen Butter goldbraun rösten.
4. Die Suppe mit dem Stabmixer noch einmal kurz aufschäumen. Auf vier Suppenteller verteilen, jeweils etwas geschlagene Sahne unterziehen und mit den Kerbelblättchen und den Brotwürfeln bestreuen.

MANFRED SCHWARZ

Die Erbsensuppe schmeckt auch mit feingeschnittenen Minzeblättern bestreut köstlich!

Schnippelbohnensuppe

WESTFALEN

Für 4 Personen

500 g Stangenbohnen, 2 Zwiebeln, 2 mittelgroße, mehligkochende Kartoffeln, 100 g durchwachsener Räucherspeck, 1 EL Mehl, Salz, Pfeffer, 1 l Fleischbrühe, 1–2 Bohnenkrautzweige, 4 geräucherte Mettwürstchen, ½ Bund Petersilie

1. Die Bohnen waschen, putzen und schräg in dünne Streifen schneiden. Zwiebeln und Kartoffeln schälen und wie den Räucherspeck in kleine Würfel schneiden.
2. Die Speckwürfel glasig dünsten, dann die Zwiebeln und nach und nach die Kartoffeln sowie die Bohnen hinzufügen. Kurz mit andünsten, mit Mehl bestäuben und mit Salz und Pfeffer würzen. Die Brühe angießen, das Bohnenkraut dazugeben und die Suppe bei mittlerer Hitze zugedeckt etwa 20 Minuten kochen lassen.
3. Die Mettwürstchen mit einer Gabel mehrmals einstechen und noch 10 Minuten in der Suppe mit kochen. Mit frisch gehackter Petersilie bestreut servieren.

Blumenkohlsuppe

HAMBURG/SCHLESWIG-HOLSTEIN

Für 4 Personen

1 kleiner Blumenkohl à ca. 500 g, 1 mittelgroße, mehligkochende Kartoffel, ¼ l Fleischbrühe, ½ l Vollmilch, Salz, weißer Pfeffer, Muskatnuß (gerieben), etwas Zitronensaft, 125 g Sahne, 1 Eigelb, einige Kerbelstiele oder etwas gehackte Petersilie

1. Blumenkohl putzen und in kleine Röschen teilen. Die Kartoffel schälen und in kleine Würfel schneiden.
2. Fleischbrühe und Milch erhitzen und die Blumenkohlröschen und die Kartoffelwürfel darin etwa 20 Minuten bei schwacher Hitze garen.
3. Die Suppe mit einem Stabmixer oder im Küchenmixer pürieren und durch ein feines Sieb streichen. Mit Salz, Pfeffer, Muskat und Zitronensaft würzig abschmecken und noch einmal erhitzen.
4. Sahne und Eigelb gründlich verquirlen, die Suppe damit binden, auf keinen Fall mehr kochen lassen. Mit abgezupften Kerbelblättchen oder feingehackter Petersilie bestreut servieren.

Grüne Gemüsesuppe

BREMEN/NIEDERSACHSEN

Für 4 Personen

250 g grüne Bohnen, 1 große Möhre, 2 kleine Zucchini, 1 mittelgroße Lauchstange, 250 g Kürbis (evtl. aus dem Glas), 500 g mehligkochende Kartoffeln, 4 große Tomaten, 5 EL Keimöl, 500 g frische Bohnenkerne, Salz, 100 g Fadennudeln, 2–3 Knoblauchzehen, ½ TL grobes Salz, 1 großes Bund Petersilie, 50 g Hartkäse, ⅛ l Olivenöl extra virgen, Pfeffer

1. Gemüse putzen und waschen. Bohnen in ½ cm dicke Stücke, Möhre und Zucchini in ebenso dicke Scheiben schneiden. Den Lauch in feine Ringe und den Kürbis und die geschälten Kartoffeln in Würfel schneiden. Tomaten kurz blanchieren, häuten, entkernen und kleinschneiden.
2. Das Öl erhitzen und das Gemüse unter Rühren darin andünsten. Es darf keine Farbe annehmen.
3. Bohnenkerne dazugeben, salzen und so viel Wasser angießen, daß das Gemüse völlig bedeckt ist. 30 Minuten köcheln lassen, dann die Nudeln untermischen und in 10 Minuten fertig garen.
4. Die geschälten Knoblauchzehen, etwas Salz, die kleingeschnittenen Petersilienblätter und den zerbröckelten Hartkäse entweder im Mörser oder im Küchenmixer pürieren, dabei nach und nach das Olivenöl dazugießen.
5. Die Suppe mit Pfeffer abschmecken. Bei Tisch etwas von der Kräuterpaste unter die Suppe rühren.

Havelzander

BERLIN/MARK BRANDENBURG

Für 4 Personen

1 küchenfertiger Zander à ca. 1,2 kg, Salz, Pfeffer, Saft von 1 Zitrone, 4 EL Keimöl, 1 kg junger Blattspinat, 1 Zwiebel, 1 Knoblauchzehe, 30 g Butter, Muskat, 125 g Sahne

1. Den Zander waschen, trockentupfen und die Haut mit einem scharfen Messer leicht einritzen. Salz, Pfeffer, Zitronensaft und Öl verrühren. Den Fisch innen und außen mit der Hälfte der Marinade bestreichen und etwa 15 Minuten ziehen lassen.
2. Den Spinat verlesen, gründlich waschen und abtropfen lassen. Zwiebel und Knoblauch schälen, in kleine Würfel schneiden und in zerlassener Butter andünsten. Den Spinat dazugeben und zugedeckt in wenigen Minuten zusammenfallen lassen.
3. Den Spinat mit Salz, Pfeffer und Muskat würzen und auf dem Boden eines Fischbräters verteilen.
4. Den Zander auf das Spinatbett setzen, mit der Hälfte der Sahne begießen und etwa 30 Minuten garen, dabei immer wieder mit der restlichen Marinade bestreichen und mit der restlichen Sahne begießen.
5. Den Fisch im Bräter servieren und erst bei Tisch portionieren.

Hechtklößchen

BADEN

Für 4 Personen

400 g Hechtfilet, 2 Eiweiß, 400 g Sahne, Salz, weißer Pfeffer, 1 l Wasser, ¼ l Fischfond, 1 Bund Rucola, abgeriebene Schale von ½ Orange (unbehandelt), etwas Zitronensaft, 1–2 EL Forellenkaviar

1. Das Hechtfilet waschen, trockentupfen und 30 Minuten in das Tiefkühlfach legen. Dann durch die feine Scheibe eines Fleischwolfes drehen oder in der Küchenmaschine fein pürieren.
2. Eine Metallschüssel in eine größere, mit Eiswürfeln gefüllte Schüssel stellen. Die Fischfarce in die Schüssel füllen und unter Rühren Eiweiß und 200 g eiskalte Sahne dazugeben. Mit Salz und Pfeffer würzen.
3. Mit Hilfe von zwei nassen Eßlöffeln Nocken von der Masse abstechen und in leicht siedendem Salzwasser 8 bis 10 Minuten pochieren. Das Wasser darf auf keinen Fall kochen.
4. Für die Sauce Fischfond und restliche Sahne bei starker Hitze sämig einkochen. Den Rucola verlesen, waschen und fein hacken. Die Sauce mit Salz, Pfeffer, Orangenschale und Zitronensaft würzen und den Rucola untermischen.
5. Die Sauce auf vier Teller verteilen, jeweils 2 Nocken darauf anrichten und mit etwas Forellenkaviar bestreuen.

Saibling Müllerin Art

BAYERN

Für 4 Personen

4 küchenfertige Saiblinge à ca. 300 g, Salz, Pfeffer, 2–3 EL Mehl, 80 g Butter, 1 EL gehackte Petersilie

1. Die Saiblinge waschen, trockentupfen und würzen. In Mehl wenden und das überschüssige Mehl abklopfen.
2. In einer länglichen Fischpfanne 50 g Butter erhitzen und die Fische hineinlegen. Bei mittlerer Hitze pro Seite 8 bis 10 Minuten braten, dabei einmal vorsichtig wenden.
3. Kurz vor Ende der Garzeit die restliche Butter dazugeben und kurz aufschäumen lassen. Dann die Saiblinge auf einer vorgewärmten Platte anrichten, mit der aufgeschäumten Butter begießen und mit Petersilie bestreuen. Dazu passen Salzkartoffeln.

MANFRED SCHWARZ

So einfach das Rezept auch ist, es bleibt der Klassiker der Fischküche!
Ideal ist doppelgriffiges Mehl, da es nicht so sehr verklebt und die zarte Hülle dadurch knuspriger wird.

Fischfrikadellen

HAMBURG/SCHLESWIG-HOLSTEIN

Für 4 Personen

2 Brötchen (vom Vortag), 2 Schalotten, ½ Bund glatte Petersilie, 20 g Butter, 500 g Fischfilet (z. B. Kabeljau, Wittling oder Rotbarsch), 2 Eigelb, 1 Eiweiß, 2 EL Noilly Prat, Salz, weißer Pfeffer, etwas Cayennepfeffer, 6 EL Keimöl, 20 g Butter

1. Die Brötchen in kaltem Wasser einweichen. Schalotten schälen und in kleine Würfel schneiden. Die Petersilie waschen, trockenschütteln und die Blättchen fein hacken. Die Schalotten in Butter glasig dünsten, die Petersilie untermischen und abkühlen lassen.
2. Das gut gekühlte Fischfilet durch die feine Scheibe des Fleischwolfes drehen oder in der Küchenmaschine fein pürieren.
3. Die Brötchen sehr gut ausdrücken und mit Eigelb, Eiweiß und Noilly Prat unter die Fischfarce rühren. Rasch zu einem glatten Teig verarbeiten. Mit Salz, Pfeffer und Cayennepfeffer herzhaft würzen.
4. Mit nassen Händen acht Plätzchen aus der Farce formen und auf eine Platte legen. Etwa 30 Minuten in den Kühlschrank stellen.
5. Öl in einer Pfanne erhitzen und die Frikadellen bei mittlerer Hitze auf jeder Seite in 4 bis 6 Minuten goldbraun braten. Das Bratfett abgießen, die Butter in kleinen Stückchen in die Pfanne geben und kurz aufschäumen lassen. Die Frikadellen damit begießen und servieren.

Bodenseefelchen

BADEN

Für 4 Personen

8 Felchenfilets (Renkenfilets) mit Haut à ca. 100 g, Salz, Pfeffer, 3 EL Keimöl, 70 g Butter, 2 Schalotten, 1 Bund frische Kräuter, 100 ml Weißwein, 100 g Sahne, Cayennepfeffer

1. Die Fischfilets waschen, trockentupfen und mit Salz und Pfeffer würzen. Öl und 20 g Butter in einer beschichteten Pfanne erhitzen und die Filets erst auf der Hautseite bei starker Hitze anbraten, dann die Hitze reduzieren, die Filets wenden und wenige Minuten garen.
2. Für die Kräutersauce die Schalotten schälen und in kleine Würfel schneiden. Die Hälfte der Kräuter grob, die andere fein hacken. 20 g Butter erhitzen und die Schalottenwürfel darin glasig dünsten. Die grobgehackten Kräuter dazugeben und kurz mit andünsten. Wein und Sahne angießen und um die Hälfte einkochen lassen. Die Sauce mit dem Stabmixer oder im Küchenmixer fein pürieren, dabei die feingehackten Kräuter dazugeben. Die restliche Butter in Flöckchen unterschlagen und die Sauce mit Salz, Pfeffer und Cayennepfeffer würzen.
3. Die Sauce auf vier Teller verteilen und jeweils zwei Felchenfilets darauf anrichten.
Dazu passen kurz gebratene Tomatenhälften und hauchdünne, selbstgemachte Kartoffelchips.

Fischfilet aus dem Ofen

BADEN

Für 4 Personen

4 Lachsforellenfilets à 180 g, etwas Zitronensaft, Salz, weißer Pfeffer, 20 g Butter, 2 Eigelb, 2–3 EL geriebener Meerrettich, 3 EL frisch gehackte Petersilie, 400 g Sahne

1. Die Forellenfilets vom Fischhändler häuten lassen. Waschen, trockentupfen und in breite Streifen schneiden. Mit Zitronensaft beträufeln und mit Salz und Pfeffer würzen.
2. Eine längliche Auflaufform mit Butter fetten und die Fischstücke hineinlegen. Den Backofen auf 180° C vorheizen.
3. Eigelb, Meerrettich und Petersilie verquirlen. Die Sahne halbsteif schlagen und unter die Eigelbmischung ziehen. Die Lachsforellenstücke gleichmäßig damit bedecken und im Backofen etwa 15 Minuten goldgelb backen. Mit Salzkartoffeln oder Reis servieren.

MANFRED SCHWARZ

Auch frisches Lachsfilet oder ein anderes festfleischiges Fischfilet schmeckt auf diese Art zubereitet sehr fein.

Marinierte Heringe

BREMEN/NIEDERSACHSEN

Für 4 Personen

4 mittelgroße, küchenfertige grüne Heringe, 1 TL grobes Meersalz, 1 TL Zucker, 4 Pfefferkörner, 2 Wacholderbeeren, ½ Bund glatte Petersilie, ½ Bund Dill, 2 EL Gin, 2 EL Dijonsenf, 2 EL Weißweinessig, 1 TL Honig, 5 EL Keimöl, 2 EL feingeschnittener Dill

1. Die Heringe vom Fischhändler säubern und filetieren lassen. Salz, Zucker, Pfefferkörner und Wacholderbeeren im Mörser zerstoßen. Petersilie waschen und fein hacken.
2. Die Heringsfilets mit der Hautseite nach unten in eine ausreichend große Form mit niedrigem Rand legen. Salzmischung, die Hälfte des feingehackten Dills und die Petersilie darüberstreuen. Alles mit Gin beträufeln.
3. Jeweils zwei Filets so übereinanderlegen, daß eine Hautseite oben, die andere unten ist. Mit Folie abdecken, ein Brett darauf legen und mit einem Gewicht beschweren. Im Kühlschrank mindestens 1 Tag ziehen lassen.
4. Für die Sauce den Senf mit Essig und Honig verrühren und mit einem Schneebesen nach und nach das Öl unterschlagen. Zum Schluß den restlichen Dill untermischen. Das Fischfilet mit der Senfsauce und Vollkornbrot oder Bratkartoffeln servieren.

Matjes Hausfrauenart

HAMBURG/SCHLESWIG-HOLSTEIN

Für 4 Personen

8 Matjesfilets, 2 rote Zwiebeln, 2 rotschalige Äpfel, 250 g saure Sahne, Saft von ½ Zitrone, Salz, Pfeffer, Cayennepfeffer, ½ Bund Dill, 125 g Sahne, 2 EL kleine Kapern

1. Die Matjes falls nötig kurz wässern, trockentupfen und in breite Streifen schneiden.
2. Die Zwiebeln schälen und in dünne Ringe schneiden. Die Äpfel waschen, vierteln und entkernen. Die Apfelviertel in dünne Scheiben schneiden.
3. Saure Sahne glattrühren, mit Zitronensaft, Salz, Pfeffer und Cayennepfeffer würzig abschmecken. Den Dill fein hacken und mit den Matjes, den Zwiebeln und den Äpfeln unter die saure Sahne mischen. Die süße Sahne halbsteif schlagen und mit den Kapern unterziehen. Zugedeckt im Kühlschrank mindestens 2 bis 3 Stunden durchziehen lassen. Mit Vollkornbrot, Pumpernickel oder mit Salzkartoffeln servieren.

MANFRED SCHWARZ

Man kann die Matjes auch gut einen Tag vor dem Essen einlegen, sie schmecken dann besonders aromatisch. Wer möchte, serviert noch gekochte grüne Bohnen dazu.

Geschmorte Putenkeule

SAARLAND

Für 4–6 Personen

2 Putenoberkeulen à ca. 500 g, Salz, Pfeffer, 2 Knoblauchzehen, 2 Zwiebeln, 1 rote und 1 gelbe Paprikaschote, 2 kleine Zucchini, 1 kleine Aubergine, 2 Fleischtomaten, 4 EL Olivenöl extra virgen, je 1 frischer Rosmarin- und Thymianzweig, 1/4 l trockener Weißwein, 1/2 Bund Petersilie

1. Putenoberkeulen waschen, trockentupfen und mit Salz und Pfeffer einreiben. Knoblauch und Zwiebeln schälen. Paprikas waschen, halbieren, den Stielansatz und die Trennwände entfernen. Zucchini und Aubergine putzen und waschen. Die Tomaten kurz blanchieren, häuten und entkernen. Zwiebel, Knoblauch, Paprika und Tomaten in kleine, die Zucchini und die Aubergine in große Würfel schneiden. Den Backofen auf 180° C vorheizen.
2. Das Fleisch im heißen Öl rundum anbraten. Thymian und Rosmarin dazugeben, den Wein angießen und die Keulen zugedeckt im Backofen 45 Minuten schmoren.
3. Den Deckel abnehmen und das kleingeschnittene Gemüse unter den Bratenfond mischen. Alles zugedeckt weitere 45 Minuten schmoren.
4. Das Fleisch herausnehmen und kurz ruhen lassen. Petersilie grob hacken und unter das Gemüse mischen.
5. Das Fleisch vom Knochen lösen, in Scheiben schneiden und auf dem Gemüse anrichten.

Brathähnchen

SCHWABEN

Für 4 Personen

1 frisches, küchenfertiges Hähnchen à ca. 1,5 kg, Salz, Pfeffer, 1 Bund Petersilie, 4 EL Olivenöl extra virgen, 40 große Knoblauchzehen, je 1 frischer Thymian- und Rosmarinzweig, 4 große Kartoffeln, 1/8 l trockener Weißwein

1. Das Hähnchen waschen und trockentupfen. Innen und außen mit Salz und Pfeffer einreiben und mit der Hälfte der Petersilie füllen. Den Backofen auf 160° C vorheizen.
2. Das Öl in einem Bräter erhitzen und das Hähnchen darin von allen Seiten bei mittlerer Hitze goldbraun anbraten.
3. Die ungeschälten Knoblauchzehen, die restliche Petersilie, den Thymian und den Rosmarin hinzufügen. Das Hähnchen zugedeckt auf der unteren Schiene im Backofen 30 Minuten braten, zwischendurch wenden und mit dem Bratfett begießen.
4. Die Kartoffeln waschen, schälen, vierteln und um das Hähnchen verteilen. Mit Wein begießen und weitere 40 Minuten zugedeckt braten. Die letzten 15 Minuten den Deckel abnehmen.
5. Das Geflügel aus dem Bräter nehmen und tranchieren. Mit Kartoffeln und Knoblauch auf einer Platte anrichten und mit dem Bratensaft begießen.

Estragon-Hähnchen

HAMBURG/SCHLESWIG-HOLSTEIN

Für 4 Personen

1 küchenfertiges Hähnchen à ca. 1,3 kg, 2 EL Zitronensaft, Salz, Pfeffer, 3 Estragonzweige, 40 g Butter, 3 Schalotten, 1/8 l trockener Weißwein, 1/4 l Hühnerbrühe, 4 EL Crème fraîche, 2 Eigelb, 1 EL Dijonsenf

1. Das Hähnchen mit Zitronensaft, Salz und Pfeffer einreiben und mit einem Estragonzweig füllen. Butter in einem Bratentopf erhitzen und das Hähnchen darin rundherum anbraten.
2. Schalotten schälen, in kleine Würfel schneiden und mit dem zweiten Estragonzweig im Bratfett andünsten. Wein und Brühe angießen und das Hähnchen im geschlossenen Topf bei schwacher Hitze 45 Minuten schmoren. Herausnehmen und warm stellen.
3. Crème fraîche, Eigelb, Senf und die restlichen, feingehackten Estragonblätter verquirlen und unter den Bratensaft rühren. Die Sauce erhitzen, aber nicht mehr kochen lassen.

MANFRED SCHWARZ

Ganz besonders zart schmecken mit Estragon geschmorte Stubenküken. Pro Person rechnet man 1 Stubenküken.

Putenstreifen mit Kapern

SAARLAND

Für 4 Personen

150 g Zuckerschoten, 600 g Putenbrust, Salz, weißer Pfeffer, 3 EL Keimöl, 1/2 Zwiebel, 180 g eingelegter Thunfisch, 2–3 Sardellenfilets, 1 TL Kapern, 1/8 l Hühnerbrühe, 200 g Sahne

1. Die Zuckerschoten putzen, waschen und in kochendem Salzwasser kurz blanchieren. In Eiswasser abschrecken und beiseite stellen.
2. Das Putenfleisch waschen, trockentupfen und erst in 1 cm dicke Scheiben, dann in 1 cm breite Streifen schneiden. Das Fleisch mit Salz und Pfeffer würzen.
3. Das Öl in einer großen Pfanne erhitzen und die Putenstreifen darin bei starker Hitze portionsweise anbraten. Herausnehmen und beiseite stellen.
4. Die Zwiebel schälen, in kleine Würfel schneiden und im Bratfett glasig dünsten. Dann den abgetropften Thunfisch und die Sardellen in Stückchen dazugeben. Die Kapern unterrühren. Brühe und Sahne angießen. Einige Minuten köcheln lassen und die Sauce mit dem Stabmixer pürieren.
5. Die Putenstreifen und die Zuckerschoten in die Sauce geben und darin erhitzen.

Kräuter-Hähnchenleber

THÜRINGEN

Für 4 Personen

500 g Hähnchenlebern, 2 EL Mehl, Salz, Pfeffer, 4 Schalotten, 2 Knoblauchzehen, 1 Bund frische Frühlingskräuter (z. B. Petersilie, Schnittlauch, Kerbel, Basilikum, Estragon), 3 EL Keimöl, 20 g Butter, 2 cl Weinbrand, 125 g Sahne

1. Die Hähnchenlebern waschen und trockentupfen. In einer Mischung aus Mehl, Salz und Pfeffer wenden.
2. Schalotten und Knoblauchzehen schälen und in kleine Würfel schneiden. Die Frühlingskräuter waschen, trockenschütteln und fein hacken.
3. Das Öl erhitzen und die Lebern darin 3 bis 4 Minuten bei starker Hitze anbraten. Herausnehmen und beiseite stellen. Das Bratfett abgießen und die Butter in der Pfanne aufschäumen lassen. Schalotten und Knoblauch darin glasig dünsten. Mit Weinbrand ablöschen, etwas einkochen lassen und die Sahne angießen. Die Sauce sämig einkochen lassen.
4. Zum Schluß die Hähnchenlebern und die Kräuter dazugeben. Die Sauce mit Salz und Pfeffer abschmecken.

Buletten

BERLIN/MARK BRANDENBURG

Für 4 Personen

1 Zwiebel, 30 g Butter, 2 Brötchen, 200 ml heiße Milch, ½ Bund Petersilie, 600 g gemischtes Hackfleisch, 2 Eier, 1 TL Senf, Salz, frisch gemahlener Pfeffer, Keimöl zum Braten

1. Die Zwiebel in kleine Würfel schneiden und in der erhitzten Butter glasig dünsten. Brötchen in heißer Milch einweichen. Petersilie waschen, trockenschütteln und fein hacken.
2. Das Hackfleisch in eine Schüssel geben und mit den Eiern, den Zwiebeln und den gut ausgedrückten Brötchen zu einer glatten Farce verarbeiten. Mit Senf, Salz und Pfeffer würzen, mit angefeuchteten Händen zu runden Plätzchen formen und auf ein nasses Brett legen.
3. Öl in einer Pfanne erhitzen und die Buletten darin bei mittlerer Hitze auf jeder Seite 4 bis 6 Minuten braten. Dazu passen Röstkartoffeln und Schmorgurkengemüse.

MANFRED SCHWARZ

Ob sie nun Buletten, Frikadellen oder Fleischpflanzerl heißen, beliebt sind die feinen Plätzchen aus Hackfleischteig in ganz Deutschland. In Berlin ißt man im Sommer gerne Schmorgurkengemüse dazu.

Rostbratwürstel

BAYERN

Für 4 Personen

1 Zwiebel, 50 g Räucherspeck, 20 g Schweineschmalz, 750 g Sauerkraut, 1/4 l Weißwein (z. B. fränkischer Silvaner), 1 Prise Zucker, Salz, 5 Pfefferkörner, 5 zerdrückte Wacholderbeeren, 1 Lorbeerblatt, 1/2 TL Kümmel, 1 mehligkochende Kartoffel, 16 Nürnberger Rostbratwürstel, Keimöl zum Braten

1. Die Zwiebel schälen und wie den Räucherspeck in kleine Würfel schneiden. Schweineschmalz erhitzen und die Speckwürfel darin glasig braten. Die Zwiebelwürfel dazugeben und darin andünsten. Dann das kleingeschnittene Sauerkraut hinzufügen, kurz mit andünsten und den Wein angießen. Mit Zucker und Salz würzen, Pfefferkörner, Wacholderbeeren, Lorbeerblatt und Kümmel dazugeben und etwa 5 Minuten kochen lassen.
2. Die Kartoffel schälen, fein reiben und unter das Kraut mischen. Zugedeckt bei schwacher Hitze etwa 20 Minuten köcheln lassen.
3. Die Rostbratwürstel im erhitzten Öl rundherum goldbraun und knusprig braten und auf dem Kraut anrichten. Dazu passen knusprige Brezeln oder Bratkartoffeln.

Fleischsülze

BAYERN

Für 4 Personen

800 ml kräftige Fleischbrühe, 5–6 Pfefferkörner, 1 Lorbeerblatt, 3–4 EL Weißweinessig, 9 Blatt weiße Gelatine, 2 gekochte Kasseler Rippchen, 2 gekochte Möhren, 2 große Essiggurken, 800 g gekochte Kartoffeln, 2 EL Schweineschmalz, Salz, Kümmel

1. Fleischbrühe mit den Pfefferkörnern und dem Lorbeerblatt einige Minuten kochen lassen. Mit Essig würzig abschmecken und die kalt eingeweichten, gut ausgedrückten Gelatineblätter darin auflösen. Abkühlen lassen, bis die Flüssigkeit zu gelieren beginnt.
2. Das Fleisch der Kasseler Rippchen von den Knochen lösen und in kleine Würfel schneiden. Die Möhren und die Essiggurken ebenfalls in kleine Würfel schneiden.
3. Etwas Gelierflüssigkeit in eine Rehrückenform gießen und im Kühlschrank erstarren lassen. Einen Teil der Fleischwürfel darauf verteilen und mit Gelierflüssigkeit begießen. Die Möhrenwürfel darauf verteilen, ebenso begießen und nach dem Erstarren die Gurkenwürfel darauf verteilen. So fortfahren, bis alle Zutaten aufgebraucht sind. Einige Stunden in den Kühlschrank stellen und fest werden lassen.
4. Kartoffeln schälen, in Würfel schneiden und im erhitzten Schweineschmalz bei mittlerer Hitze goldbraun braten. Mit Salz und Kümmel würzen und zur Sülze servieren.

Schalotten-Hacksteak

SACHSEN-ANHALT

Für 4 Personen

1 Zwiebel, 40 g Butter, 1 Brötchen, 1/8 l heiße Milch, 400 g Schweinehackfleisch, 200 g Kalbshackfleisch, 2 Eier, 1/2 Bund Petersilie, Salz, Pfeffer, 1 TL scharfer Senf, 400 g Schalotten, 10 EL Keimöl, 1 EL Puderzucker, 3 EL Aceto Balsamico, 4 cl Madeira

1. Zwiebel schälen, in kleine Würfel schneiden und in der erhitzten Butter glasig dünsten. Das Brötchen in heißer Milch einweichen. Schweine- und Kalbshackfleisch in eine Schüssel geben und die Zwiebelwürfel, das ausgedrückte Brötchen, die Eier und die gehackte Petersilie untermischen. Mit Salz, Pfeffer und Senf würzen und acht Hacksteaks daraus formen.
2. Schalotten schälen und in Viertel schneiden. In 4 EL heißem Öl andünsten, mit Puderzucker bestäuben und Aceto Balsamico und Madeira angießen. Mit Salz und Pfeffer würzen und so lange bei mittlerer Hitze braten, bis die Schalotten weich sind und die Flüssigkeit verdampft ist.
3. In einer zweiten Pfanne das restliche Öl erhitzen und die Hacksteaks bei mittlerer Hitze 4 bis 5 Minuten pro Seite braten. Mit den Essigschalotten und Kartoffelpüree servieren.

Schweineröllchenspieß

SAARLAND

Für 4 Personen

8 dünn geschnittene Schweineschnitzel à 100 g, Pfeffer, 2 EL scharfer Senf, 60 g geriebener Hartkäse, 1 kleine Zwiebel, 1/2 Bund glatte Petersilie, 8 kleine, rohe Bratwürstchen, 8 Frühlingszwiebeln, 8 Cocktailtomaten, 2–3 EL Olivenöl extra virgen, 1 TL gerebelter Thymian (getrocknet), 1 EL Aceto Balsamico, 1 EL Dijonsenf

1. Schnitzel flach klopfen und mit Pfeffer würzen. Senf und geriebenen Käse verrühren. Zwiebel schälen und in Würfel schneiden, die Petersilie fein hacken und unter die Senfmischung rühren. Die Schnitzel damit bestreichen, mit je 1 Bratwürstchen belegen und aufrollen. Jedes Fleischröllchen halbieren. Frühlingszwiebeln putzen, waschen und gut abtropfen lassen.
2. Auf 4 Metallspieße jeweils ein halbes Fleischröllchen so aufspießen, daß die Fleischenden festgehalten werden. Dann je eine Cocktailtomate und eine Frühlingszwiebel aufspießen und so fortfahren, bis alle Zutaten verteilt sind.
3. Olivenöl mit Thymian, Essig und Dijonsenf cremig rühren und die Spieße damit bestreichen. Den Grillrost mit Alufolie auslegen und die Spieße darauf legen. Unter dem vorgeheizten Backofengrill oder über der heißen Glut eines Holzkohlengrills in 10 bis 15 Minuten goldbraun grillen. Dabei immer wieder mit der Marinade bestreichen und die Spieße zwischendurch wenden.

Wacholderbraten

WESTFALEN

Für 6 Personen

1,2 kg Schweinehals (ohne Knochen), 10 Wacholderbeeren, 4 Pimentkörner, 10 schwarze Pfefferkörner, abgeriebene Schale von 1 Orange (unbehandelt), Salz, 2 EL scharfer Senf, 4 cl Gin, 4 EL Keimöl, 1/8 l Bier

1. Das Schweinefleisch waschen und trockentupfen. Wacholderbeeren, Piment- und Pfefferkörner in einem Mörser fein zerstoßen. Die Orangenschale, Salz und Senf hinzufügen und mit Gin und Öl zu einer cremigen Sauce verrühren. Das Fleisch damit einstreichen und zugedeckt über Nacht durchziehen lassen.
2. Am nächsten Tag die Marinade vom Fleisch streifen und den Schweinebraten auf einen Drehspieß stecken. An beiden Enden gut befestigen. Entweder vor oder über der Glut des Holzkohlengrills oder in der entsprechenden Dreheinrichtung des Backofengrills in etwa 75 Minuten goldbraun grillen. Unter das Fleisch unbedingt eine Fettpfanne stellen.
3. Die restliche Marinade mit dem Bier verrühren und das Fleisch während des Grillens damit bestreichen.
4. Den Wacholderbraten vom Spieß nehmen und etwa 10 Minuten ruhen lassen. In Scheiben schneiden und mit dem aufgefangenen Fleischsaft begießen.

Zwiebelrostbraten

SCHWABEN

Für 4 Personen

5 große Zwiebeln, 4 Entrecotes à 180 g, Salz, Pfeffer, 80 g Butterschmalz, 3 EL Keimöl, 1 EL Mehl, 1/4 l Fleischbrühe

1. Die Zwiebeln schälen. Eine Zwiebel in kleine Würfel, die restlichen in feine Ringe schneiden. Butterschmalz in einer Pfanne erhitzen und die Zwiebelringe darin goldbraun braten. Die gebratenen Zwiebelringe herausnehmen und auf Küchenpapier abtropfen lassen.
2. Die Entrecotes mit Salz und Pfeffer würzen. Das Öl in einer schweren Pfanne erhitzen und die Entrecotes bei starker Hitze 2 Minuten pro Seite anbraten. Die Hitze reduzieren und das Fleisch weitere 3 bis 4 Minuten pro Seite braten. Herausnehmen und in Alufolie wickeln.
3. Die in Würfel geschnittene Zwiebel in das Bratfett geben, mit Mehl bestäuben und goldbraun anrösten. Die Fleischbrühe angießen und bei starker Hitze sämig einkochen lassen. Mit Salz und Pfeffer herzhaft würzen.
4. Die Fleischscheiben auf eine vorgewärmte Platte geben. Mit der Sauce begießen und die Zwiebelringe darauf anrichten.
Dazu ißt man in Schwaben Spätzle, im übrigen Land meist Röstkartoffeln.

Blini mit Räucherfisch

MECKLENBURG-VORPOMMERN

Für 4 Personen

150 g Buchweizenmehl, 30 g Mehl, 1 Prise Salz, 10 g Hefe, 1/8 l lauwarme Milch, 100 ml Buttermilch, 2 Eier, 2 EL flüssige Butter, 2 Fleischtomaten, 200 g Räucherfisch (ohne Haut und Gräten), 50 g gegarte, geschälte Shrimps, 2 EL gehackte, gemischte Kräuter, Butterschmalz zum Braten, etwa 200 g Schmand

1. Das Buchweizenmehl, das Mehl und etwas Salz vermischen. Die Hefe mit der Milch verquirlen und 15 Minuten gehen lassen. Dann mit der Buttermilch, den Eiern und der Butter zur Mehlmischung geben und mit einem Stabmixer rasch zu einem glatten Teig verquirlen. Zugedeckt etwa 30 Minuten gehen lassen.
2. Fleischtomaten kurz blanchieren, häuten, halbieren, entkernen und in kleine Würfel schneiden. Räucherfisch in kleine Stücke teilen und mit den Shrimps, den Kräutern und den Tomatenwürfeln unter den Teig rühren.
3. Butterschmalz in einer Pfanne erhitzen und mit einem Eßlöffel etwas vom Teig hineingeben. Mit dem Löffelrücken flach drücken und auf beiden Seiten goldbraun braten. Die Fisch-Blini warm stellen und den restlichen Teig auf die gleiche Weise verarbeiten. Mit dem gut gekühlten Schmand servieren.

Spargel mit Kratzete

BADEN

Für 4 Personen

300 g Mehl, Salz, 5 Eier, 1/4 l Milch, Muskatnuß (frisch gerieben), 2 EL gehackte Petersilie, ca. 80 g Butter zum Braten, 1 kg weißer Spargel, 4 EL flüssige Butter, Zucker, ca. 200 g roher Schinken (in dünnen Scheiben)

1. Für die Kratzete Mehl, 1 Prise Salz, Eier und Milch in einen Rührbecher geben und mit dem Stabmixer zu einem glatten Teig verquirlen. Den Teig durch ein feines Sieb streichen, mit Muskat würzen und die Petersilie untermischen. Mindestens 30 Minuten quellen lassen.
2. In einer großen Pfanne 20 g Butter aufschäumen lassen, die Hälfte des Teiges hineingießen und eine Seite bei mittlerer Hitze goldbraun braten. Den Pfannkuchen wenden, 10 g Butter dazugeben und fertigbacken. Dann mit zwei Gabeln in Stücke zerteilen und im Backofen warm halten, bis der zweite Pfannkuchen gebacken ist.
3. Zum Schluß noch einmal alle Teigstückchen in die Pfanne geben und die restliche Butter hinzufügen.
4. Den Spargel schälen und die holzigen Enden abschneiden. Die Spargelstangen in reichlich kochendem Wasser mit etwas Salz und Zucker 15 bis 18 Minuten garen. Herausnehmen und abtropfen lassen. Mit flüssiger Butter begießen und mit Schinken und Kratzete servieren.

Möhrenpfannkuchen

RHEINLAND

Für 4 Personen

400 g Möhren mit Grün, 6 Eier (Größe L), ¼ l Milch, 120 g Mehl, Salz, Muskat, abgeriebene Schale von ½ Orange (unbehandelt), Keimöl und Butter zum Braten, 300 g geriebener Gouda (mittelalt)

1. Von den Möhren das Grün entfernen und die zarten Blätter fein hacken. Die Möhren schälen und auf der Rohkostreibe fein reiben. Eier, Milch, Mehl und Salz in einen Rührbecher geben und mit dem Stabmixer zu einem Pfannkuchenteig verquirlen. Die Möhrenraspel und etwa 2 EL gehacktes Möhrengrün untermischen und mit Muskat und Orangenschale würzen.

2. Jeweils etwas Öl und Butter in einer großen, beschichteten Pfanne erhitzen, etwa ein Achtel der Eier-Möhren-Mischung hineingeben und bei mittlerer Hitze auf jeder Seite 3 bis 4 Minuten braten, bis die Möhren gar sind. Backofen auf 200° C vorheizen.

3. Den Möhrenpfannkuchen auf einen Teller gleiten lassen, mit dem geriebenen Käse bestreuen und zusammenklappen. Auf eine feuerfeste, tiefe Platte legen. Auf die gleiche Weise weitere sieben Pfannkuchen backen, füllen und dachziegelartig auf der Platte anrichten. Mit dem restlichen Käse bestreuen und im heißen Backofen wenige Minuten überbacken.

Dazu passen eine aufgeschlagene Kräutersauce und grüner Salat.

Pankoken

HAMBURG/SCHLESWIG-HOLSTEIN

Für 4 Personen

300 ml Milch, 4 Eier, 200 g Mehl, 1 Prise Salz, 3 EL flüssige Butter, 4 Mangoldstiele, 1 Zwiebel, 20 g Butter, 200 g Sahne, Salz, Pfeffer, Muskatnuß (gerieben), 80 g grobgeriebener Butterkäse, 200 g ausgelöste Krabben, Keimöl zum Braten, ½ Bund Dill

1. Milch, Eier, Mehl, Salz und Butter in einen Rührbecher geben und mit dem Stabmixer zu einem glatten Teig verquirlen. Durch ein feines Sieb streichen und etwa 30 Minuten quellen lassen.

2. Mangold putzen, waschen, gut abtropfen lassen und in breite Streifen schneiden. Zwiebel schälen, in kleine Würfel schneiden und in der heißen Butter glasig dünsten. Die Mangoldstreifen dazugeben und kurz durchschwenken. Die Sahne angießen, mit Salz, Pfeffer und Muskat würzen und um etwa ein Drittel einkochen lassen. Den Käse und die Krabben untermischen und kurz erhitzen.

3. Wenig Öl in einer beschichteten Pfanne erhitzen und nacheinander acht dünne Pfannkuchen backen. Die fertigen Pfannkuchen im heißen Backofen warm halten, bis der Teig aufgebraucht ist.

4. Jeden Pfannkuchen mit der Mangold-Krabben-Mischung füllen, mit feingehacktem Dill bestreuen und sofort servieren.

Knödelsalat

BAYERN

Für 4 Personen

Je 2 gekochte Leber- und Semmelknödel (vom Vortag), 2 Regensburger Würste (ersatzweise Fleischwurst), je 1 rote und weiße Zwiebel, 1 rotschaliger Apfel, 3 EL Weißweinessig, 1 EL Apfelessig, 6–8 EL kräftige Fleischbrühe, 1 TL geriebener Meerrettich, Salz, Pfeffer, 4 EL Keimöl, 1 Bund Schnittlauch

1. Die Knödel halbieren und in dünne Scheiben schneiden. Die Würste häuten, die Zwiebeln schälen und beides in dünne Scheiben schneiden. Den Apfel waschen, vierteln und entkernen und jedes Viertel in dünne Scheiben schneiden. Alle Salatzutaten in einer Schüssel vermischen.
2. Weißwein- und Apfelessig, Brühe, Meerrettich, Salz, Pfeffer und Öl zu einer Vinaigrette verquirlen und den Knödelsalat damit marinieren. Mindestens 30 Minuten im Kühlschrank durchziehen lassen. Gut gekühlt mit feingeschnittenem Schnittlauch bestreut servieren.

MANFRED SCHWARZ

Ein köstliches und erfrischendes Sommeressen, das unter einem schattigen Kastanienbaum in einem Biergarten besonders gut schmeckt.

Kartoffel-Kräuter-Salat

HESSEN

Für 4 Personen

800 g festkochende Kartoffeln, 200 ml heiße Fleischbrühe, 2 EL Weißweinessig, 2 EL Estragonessig, Salz, Pfeffer, 4 EL Keimöl, 1 Bund gemischte Kräuter (z B. Schnittlauch, Kerbel, Basilikum, Petersilie, Sauerampfer und Dill), 4 Frühlingszwiebeln, 3 hartgekochte Eier, 4 Paar Frankfurter Würstchen, mittelscharfer Senf oder Meerrettich

1. Die Kartoffeln in kochendem Wasser garen. Abdampfen lassen, schälen und in dünne Scheiben schneiden.
2. Die Brühe mit dem Weißwein- und Estragonessig, Salz, Pfeffer und Öl verquirlen. Die Kartoffeln damit begießen und mit zwei Löffeln gründlich vermischen. Mindestens 15 Minuten durchziehen lassen.
3. Die Kräuter waschen, trockenschütteln und hacken. Frühlingszwiebeln putzen, waschen und mit einem Drittel des Grüns in feine Ringe schneiden. Die hartgekochten Eier schälen und vierteln.
4. Alle Zutaten locker unter die marinierten Kartoffeln mischen und noch einmal herzhaft abschmecken.
5. Die Frankfurter Würstchen in leicht siedendem Wasser erhitzen und zum Kartoffelsalat servieren. Senf oder Meerrettich dazu reichen.

Gemüsepuffer

SCHWABEN

Für 4 Personen

400 g Möhren, 400 g Zucchini, 1 mittelgroße Zwiebel, 1 Knoblauchzehe, 20 g Butter, 2 Eier, 80 g geriebener Hartkäse, 4–5 EL frisch geriebenes Weißbrot, 1 EL frisch gehackte Kräuter, Salz, Pfeffer, Muskatnuß (gerieben), 4 EL Sesamsamen, Keimöl zum Braten

1. Möhren und Zucchini waschen. Möhren schälen, Zucchini putzen und beides auf der groben Seite einer Rohkostreibe raspeln.
2. Zwiebel und Knoblauch schälen, in kleine Würfel schneiden und in aufgeschäumter Butter glasig dünsten. Mit den Gemüseraspel vermischen und die Eier unterrühren. Käse und Brotbrösel dazugeben, bis eine formbare Masse entsteht. Die Kräuter untermischen und mit Salz, Pfeffer und Muskat würzig abschmecken.
3. Acht runde Plätzchen aus der Masse formen und in den Sesamsamen wenden. Die Panade gut festdrücken und portionsweise im heißen Öl auf jeder Seite 4 bis 5 Minuten braten. Sie dürfen keinesfalls zu braun werden.
Die Gemüsepuffer mit Tomatensauce, grüner Sauce oder mit Knoblauchjoghurt servieren.

Bouillonkartoffeln

BERLIN/MARK BRANDENBURG

Für 4 Personen

800 g festkochende Kartoffeln, 1 Lauchstange, 2 Petersilienwurzeln, 3 Möhren, 1/4 Knollensellerie, 1 Kräutersträußchen aus 1 Lorbeerblatt, 2 Petersilienstielen und 1 Thymianzweig, Salz, Pfeffer, 1 l Rindfleischbrühe, 40 g Butter, einige Kerbelstiele, 8 herzhafte, rohe Würste (z. B. Mettwürste oder Polnische), mittelscharfer Senf, Meerrettich

1. Die Kartoffeln schälen. Die Lauchstange putzen und waschen. Petersilienwurzeln, Möhren und Knollensellerie schälen und alles in kleine Würfel schneiden.
2. Die Kartoffeln, das Gemüse und das Kräutersträußchen in einen Kochtopf geben, salzen und pfeffern und die Brühe angießen. Aufkochen und bei schwacher Hitze zugedeckt 25 bis 30 Minuten köcheln lassen.
3. Zum Schluß die Kräuter entfernen, die Butter in kleinen Stücken untermischen und die abgezupften Kerbelblättchen darüberstreuen.
4. Die Würste in siedendem Salzwasser erhitzen. Zu den Bouillonkartoffeln servieren. Senf und Meerrettich dazu reichen.

Fingernudeln

SCHWABEN

Für 4 Personen

1 kg mehligkochende Kartoffeln, 150–160 g Mehl, 2 Eier, Salz, Pfeffer, Muskatnuß (gerieben), 80 g Butterschmalz, Sauerkraut

1. Die Kartoffeln waschen, in einem Kartoffeldämpfer oder im Dampfdrucktopf garen. Gut abdampfen lassen, schälen und sofort durch eine Kartoffelpresse drücken. Kartoffeln abkühlen lassen.
2. Mehl und Eier dazugeben und alles rasch zu einem glatten, geschmeidigen Teig verkneten. Mit Salz, Pfeffer und Muskat würzen. Zu einer Rolle formen und zugedeckt kurz ruhen lassen.
3. Mit bemehlten Händen aus der Masse fingerdicke und fingerlange Rollen mit spitz zulaufenden Enden formen.
4. Das Butterschmalz in einer Gußeisenpfanne erhitzen und die Fingernudeln portionsweise darin rundherum goldbraun braten. Mit Sauerkraut servieren.

MANFRED SCHWARZ

Je nach Region werden die Kartoffelnudeln auch Buwespitzle, Bubenspitzle oder Schupfnudeln genannt. Häufig läßt man die Kartoffelnudeln in Salzwasser gar ziehen, bevor sie abgetropft in aufgeschäumter Butter geschwenkt werden.

Gefüllte Kartoffeln

SAARLAND

Für 4 Personen

4 große, mehligkochende Kartoffeln, 50 g Kochschinken, 80 g geriebener Hartkäse, 2 EL Crème fraîche, 2 Eigelb, Salz, Pfeffer, Muskatnuß (gerieben), 20 g Butter

1. Die Kartoffeln über Dampf oder in wenig kochendem Wasser garen und gut abdampfen lassen. Den Backofen auf 200° C vorheizen.
2. Die Kartoffeln schälen, einen flachen Deckel abschneiden und das Innere mit einem kleinen Löffel vorsichtig herauslösen, dabei einen schmalen Rand lassen.
3. Das Kartoffelfleisch mit einer Gabel zerdrücken. Den Schinken in sehr kleine Würfel schneiden und mit dem Käse, der Crème fraîche und Eigelb unter die zerdrückten Kartoffeln rühren. Mit Salz, Pfeffer und Muskat würzen.
4. Die Masse zurück in die Kartoffeln füllen, mit Butterflöckchen bestreuen und im heißen Backofen etwa 10 Minuten überbacken.
Mit grünem Salat servieren.

Bunter Kartoffeltopf

PFALZ

Für 4 Personen

800 g vorwiegend festkochende Kartoffeln, 8 Schalotten, 2 Knoblauchzehen, je 1 gelbe und grüne Paprikaschote, 6 Tomaten, 200 ml Olivenöl extra virgen, 100 ml Weißwein (aus der Pfalz) Salz, Pfeffer, 3 Thymianzweige, ½ Bund Basilikum

1. Die Kartoffeln waschen, schälen und in Würfel schneiden. Schalotten und Knoblauchzehen schälen. Schalotten halbieren und die Knoblauchzehen fein hacken. Die Paprikaschoten halbieren und die Stielansätze und Trennwände entfernen. Paprika in nicht zu kleine Stücke schneiden. Die Tomaten kurz blanchieren, häuten, vierteln und entkernen.
2. Das Öl in einem Schmortopf erhitzen und das Gemüse darin andünsten. Mit Wein begießen und mit Salz, Pfeffer und den abgezupften Thymianblättchen würzen. Gemüse zugedeckt bei schwacher Hitze etwa 45 Minuten garen.
3. Basilikum waschen und trockenschütteln. Die Blättchen abzupfen und die Hälfte davon in feine Streifen schneiden. Kartoffeltopf mit Basilikumstreifen und Basilikumblättern bestreut servieren.

Béchamelkartoffeln

HAMBURG/SCHLESWIG-HOLSTEIN

Für 4 Personen

1 kg festkochende Kartoffeln, 40 g Butter, 40 g Mehl, ¼ l Kalbsfond, 250 g Sahne, Salz, weißer Pfeffer, Muskat, etwas Zitronensaft und abgeriebene Zitronenschale (unbehandelt), 1 Bund glatte Petersilie

1. Die Kartoffeln über Dampf oder in wenig kochendem Salzwasser garen. Gut abdampfen lassen, noch heiß schälen und in Scheiben schneiden.
2. Für die Béchamelsauce die Butter aufschäumen lassen und unter Rühren das Mehl hinzufügen. Unter ständigem Rühren anschwitzen, dabei keine Farbe annehmen lassen. Weiterrühren und den Kalbsfond und 200 g Sahne angießen. Mit Salz, Pfeffer, Muskat, Zitronensaft und Zitronenschale würzen und etwa 10 Minuten unter gelegentlichem Rühren köcheln lassen.
3. Die Kartoffelscheiben und die frisch gehackte Petersilie vorsichtig mit der Béchamelsauce mischen. Noch einige Minuten sanft köcheln lassen. Die restliche Sahne steif schlagen und kurz vor dem Servieren unterziehen.
Dazu passen Buletten (siehe Rezept Seite 58).

Laubfrösche

SCHWABEN

Für 4 Personen

8 große Mangoldblätter, Salz, 1 Brötchen, 1/8 l heiße Milch, 2 Schalotten, 20 g Butter, 500 g Kalbshackfleisch, 2 Eier, 2 EL frisch gehackte Kräuter, Salz, Pfeffer, Muskatnuß (gerieben), etwas frischer, geriebener Ingwer, abgeriebene Schale von 1/2 Zitrone (unbehandelt), 1/4 l Kalbsfond, einige Safranfäden, 125 g Sahne, etwas Zitronensaft

1. Die Mangoldblätter in kochendem Salzwasser kurz blanchieren und in eiskaltem Wasser abschrecken. Auf einem Küchentuch ausbreiten.
2. Brötchen in heißer Milch einweichen. Schalotten schälen, in Würfel schneiden und in der Butter glasig dünsten. Das gut ausgedrückte Brötchen, Schalotten, Eier, Kräuter und Hackfleisch verkneten und mit Salz, Pfeffer, Muskat, Ingwer und Zitronenschale würzen.
3. Mit zwei Eßlöffeln Nocken aus der Masse formen und auf die Mangoldblätter geben. Blätter aufrollen und mit den Rändern nach unten auf einen Dämpfeinsatz setzen.
4. Kalbsfond mit Safran aufkochen und den Einsatz darüber stellen. Die Laubfrösche zugedeckt 10 bis 12 Minuten garen. Herausnehmen, die Sahne in den Fond gießen und sämig einkochen lassen. Mit Salz, Pfeffer und Zitronensaft abschmecken und zu den Laubfröschen reichen.
Dazu paßt Kartoffelpüree.

Möhrenterrine

MECKLENBURG-VORPOMMERN

Für 4 Personen

500 g Möhren, 1 Zwiebel, 40 g Butter, 1 TL Puderzucker, Salz, weißer Pfeffer, abgeriebene Schale von 1/2 Zitrone (unbehandelt), 250 g Sahne, 100 g Zuckerschoten, 2 Eier, 2 Eigelb, 100 g Tiefkühl-Erbsen, Butter für die Form

1. Möhren putzen, waschen und in Scheiben schneiden. Die Zwiebel schälen und in Würfel schneiden. Die Butter erhitzen und die Zwiebelwürfel darin glasig braten. Die Möhren dazugeben, mit Puderzucker bestäuben und kurz andünsten. Mit Salz, Pfeffer und Zitronenschale würzen.
2. Zuckerschoten putzen, waschen und in kochendem Salzwasser kurz blanchieren. In eisgekühltem Wasser abschrecken.
3. Den Backofen auf 180° C vorheizen. Einen großen, flachen Topf zweifingerbreit mit Wasser füllen und auf die mittlere Backofenschiene stellen.
4. Möhren mit der Sahne im Küchenmixer pürieren, dabei Eier und Eigelb hinzufügen. Zum Schluß die Erbsen untermischen und kräftig abschmecken.
5. Eine Metallschüssel mit Butter fetten, die Zuckerschoten sternförmig darin verteilen und das Gemüsepüree darin verteilen. Mit Alufolie abdecken und einige Löcher einstechen, damit der Dampf entweichen kann. Im heißen Wasserbad in etwa 1 1/2 Stunden gar ziehen lassen.
Die Möhrenterrine schmeckt warm und kalt.

Franzosensupp

HESSEN

Für 4 Personen

1 Zwiebel, 800 g Rindfleisch (Beinscheibe), 3 Fleischknochen, 1 Bund Suppengrün, 8 Pfefferkörner, Salz, 1 Bund junge Möhren, ¼ Knollensellerie, 250 g mehligkochende Kartoffeln, ¼ Blumenkohl, ¼ kleiner Wirsing, 1 kleine Lauchstange, 1 kleiner Zucchino, ½ Bund glatte Petersilie

1. Die Zwiebel halbieren und die beiden Schnittflächen im erhitzten Kochtopf bräunen lassen. 1 ½ l Wasser angießen und das gewaschene Fleisch, die Knochen, das geputzte, kleingeschnittene Suppengrün und die Pfefferkörner dazugeben. Zum Kochen bringen, dabei den entstehenden Schaum abschöpfen. Die Suppe salzen und bei schwacher Hitze etwa 1 ½ Stunden offen köcheln lassen.
2. Gemüse waschen, putzen und falls nötig schälen. Möhren, Sellerie und Kartoffeln in 1 cm große Würfel, den Wirsing in 1 cm breite Streifen schneiden, Blumenkohl in Röschen teilen, Lauch und Zucchino in dicke Scheiben schneiden. Petersilie hacken.
3. Fleisch und Knochen aus der Suppe nehmen. Die Brühe durch ein Spitzsieb gießen und auf 1 Liter einkochen lassen. Das Gemüse in die Brühe geben und bei mittlerer Hitze 20 bis 30 Minuten garen. Das Fleisch vom Knochen lösen, in Würfel schneiden und mit der Petersilie unter das gekochte Gemüse mischen.

Nudel-Gemüse-Topf

WESTFALEN

Für 4 Personen

500 g Hühnerklein, Salz, einige Pfefferkörner, 1 Thymianzweig, 1 Bund Suppengrün, 2 Möhren, 1 dünne Lauchstange, 4 Selleriestangen, 100 g Zuckerschoten, 1 Scheibe Toastbrot, 4 EL Sahne, 250 g gehacktes Kalbfleisch, 1 kleines Ei, Pfeffer, etwas abgeriebene Zitronenschale (unbehandelt), 100 g Sternchennudeln, 1 EL Schnittlauchröllchen

1. Hühnerklein waschen und mit 2 l Wasser, Salz, Pfefferkörnern und Thymian aufkochen. Das gewaschene, geputzte und kleingeschnittene Suppengrün dazugeben und bei schwacher Hitze etwa 1 Stunde ziehen lassen.
2. Möhren schälen, Lauch putzen, Sellerie waschen und von den Zuckerschoten die Enden abknipsen. Möhren, Lauch und Sellerie in dünne Scheiben schneiden.
3. Das Toastbrot in der Sahne einweichen. Mit Hackfleisch, Ei, Pfeffer und Zitronenschale zu einer glatten Farce verarbeiten. Kleine Bällchen aus der Masse formen.
4. Die Hühnerbrühe durch ein Sieb gießen und erneut aufkochen. Gemüse etwa 15 Minuten mit kochen. Die Fleischklößchen hinzufügen. Nach weiteren 8 Minuten die Sternchennudeln in die Suppe geben und in etwa 5 Minuten bißfest kochen.
5. Die Nudel-Gemüse-Topf auf tiefe Teller verteilen und mit Schnittlauch bestreuen.

Gemüsegratin

SAARLAND

Für 4 Personen

250 g Champignons oder Egerlinge, 250 g Zucchini, 250 g Möhren, 500 g frischer Spinat, Salz, 1 Knoblauchzehe, 20 g Butter, 200 g Crème fraîche, ¼ l Milch, 100 g geriebener Hartkäse, weißer Pfeffer, 1 EL Paniermehl

1. Die Pilze und die Zucchini putzen. Die Möhren schälen und die Spinatblätter sorgfältig verlesen. Pilze, Zucchini und Möhren waschen und in dünne Scheiben schneiden. Die Spinatblätter waschen.
2. Reichlich Salzwasser aufkochen und die Gemüsesorten nacheinander blanchieren. Möhren 4 bis 5 Minuten, Zucchini und Pilze etwa 2 Minuten und die Spinatblätter 1 Minute kochen. Gemüse gut abtropfen lassen.
3. Backofen auf 220° C vorheizen. Eine runde, feuerfeste Gratinform mit der halbierten Knoblauchzehe ausreiben, mit Butter fetten und ringförmig abwechselnd Pilze, Spinat, Möhren und Zucchini darin verteilen.
4. Crème fraîche, Milch und Käse verquirlen und gleichmäßig über das Gemüse verteilen. Mit Paniermehl bestreuen und auf der mittleren Schiene im Backofen in etwa 20 Minuten goldbraun backen.

Kartoffel-Spinat-Gratin

HESSEN

Für 4 Personen

800 g vorwiegend festkochende Kartoffeln, 500 g frische Spinatblätter, Salz, 50 g Butter, 8 dünn geschnittene, kleine Kalbsschnitzel, 250 g Sahne, 3 Eier, 100 g grobgeriebener Butterkäse, Pfeffer, Muskatnuß (gerieben)

1. Die Kartoffeln schälen und in 3 mm dicke Scheiben schneiden. In wenig Salzwasser 5 Minuten vorgaren und gut abtropfen lassen. Den Spinat sorgfältig verlesen und waschen. In kochendem Salzwasser kurz blanchieren und gut abtropfen lassen. Den Backofen auf 200° C vorheizen.
2. Eine längliche Auflaufform mit der Hälfte der Butter fetten und abwechselnd die Kartoffelscheiben, Fleisch und Spinat hineinschichten.
3. Sahne, Eier und 80 g Käse verquirlen, mit Salz, Pfeffer und Muskat würzen und die Mischung über den vorbereiteten Zutaten verteilen. Mit dem restlichen Käse und mit Butterflöckchen bestreuen.
4. Kartoffel-Spinat-Gratin auf der mittleren Schiene im Ofen 20 bis 25 Minuten backen.

Spitzkohlauflauf

SACHSEN

Für 4 Personen

1 Kopf Spitzkohl, Salz, 400 g mehligkochende Kartoffeln, 1 Brötchen, 100 g durchwachsener Räucherspeck, 500 g gemischtes Hackfleisch, 2 Eier, 1 TL scharfer Senf, 1 TL gerebelter Majoran (getrocknet), Salz, frisch gemahlener Pfeffer, 1 TL Kümmel, 30 g Butter, ¼ l Fleischbrühe, 2 EL Crème fraîche

1. Vom Spitzkohl den Strunk herauslösen und den Kopf so lange in kochendem Salzwasser garen, bis die äußeren Blätter weich und geschmeidig sind. Etwa 10 Blätter ablösen, den restlichen Kohl sehr fein hacken. Kartoffeln schälen und in dünne Scheiben schneiden.
2. Das Brötchen in Wasser einweichen, den Räucherspeck in kleine Würfel schneiden. Das Hackfleisch mit dem gut ausgedrückten Brötchen, den Speckwürfeln und den Eiern verkneten. Den gehackten Kohl untermischen und herzhaft würzen. Den Backofen auf 180° C vorheizen.
3. Eine feuerfeste Auflaufform dick mit Butter fetten und abwechselnd die Kohlblätter, die Kartoffelscheiben und die Hackfleischmasse hineinschichten. Den Abschluß bildet ein Kohlblatt. Mit Fleischbrühe begießen und die Oberfläche mit Crème fraîche bestreichen. Im heißen Backofen etwa 1 Stunde garen.

Gemüsetarte

SAARLAND

Für 4 Personen

300 g Tiefkühl-Blätterteig, 8 grüne Spargelstangen, 200 g Blumenkohl, 200 g Möhren, Salz, 100 g roher Schinken, 200 g Cocktailtomaten, 250 g Sahne, 2 Eier, 2 Eigelb, 1 EL gehackter Dill, Salz, Muskat, Hülsenfrüchte zum Blindbacken

1. Blätterteig auftauen lassen. Backofen auf 200° C vorheizen. Spargelstangen nur am unteren Ende schälen, auf eine Länge von etwa 12 cm kürzen. Den Blumenkohl in kleine Röschen teilen und die geschälten Möhren in ½ cm große Würfel schneiden.
2. Das Gemüse nacheinander in kochendem Salzwasser bißfest kochen und gut abtropfen lassen. Den Schinken in kleine Würfel schneiden.
3. Blätterteig zu einer runden Platte ausrollen (28 cm ⌀). Boden und Rand einer kalt abgespülten Springform (24 cm ⌀) damit auskleiden und mit Hülsenfrüchten belegen. 10 Minuten vorbacken. Die Hülsenfrüchte entfernen.
4. Kleingeschnittenes Gemüse und Schinken auf dem Tarteboden verteilen, Spargelstangen sternförmig darauf legen und die Tomaten am Rand anordnen.
5. Sahne, Eier, Eigelb und Dill verquirlen, würzen und über den Tartebelag gießen. Auf der mittleren Schiene etwa 40 Minuten goldgelb backen.

Fruchtsülze

SAARLAND

Für 4 Personen

9 Blatt weiße Gelatine, 1 rosa Grapefruit, 1 Orange, 2 Kiwis, ½ vollreife Mango, 1 Papaya, 100 g Himbeeren, ca. 40 g Zucker, ¾ l edelsüßer Wein (z. B deutsche Beerenauslese), 4 Minzezweige

1. Die Gelatineblätter in kaltem Wasser einweichen.
2. Grapefruit und Orange so schälen, daß auch die weiße Haut völlig entfernt ist, dann die Früchte filetieren. Kiwis und Mango schälen. Die Kiwis in Scheiben, die Mango in schmale Spalten schneiden. Die Papaya halbieren, entkernen und mit einem Kugelausstecher kleine Bällchen aus dem Fruchtfleisch formen. Die Himbeeren verlesen. Die Früchte auf vier Sektschalen oder in einer großen Glasschale verteilen.
3. Zucker und 1 EL Wein erhitzen und sirupartig einkochen. ⅛ l Wein dazugeben, von der Kochstelle nehmen und die ausgedrückten Gelatineblätter darin auflösen.
4. Den restlichen Wein dazugießen und über einer mit Eiswürfeln gefüllten Schüssel unter Rühren abkühlen lassen. Sobald die Flüssigkeit zu gelieren beginnt, langsam mit einem Schöpflöffel über den Früchten verteilen. Sie müssen völlig mit Gelee bedeckt sein. Im Kühlschrank etwa 1 bis 2 Stunden fest werden lassen.
5. Gelee mit Minzezweigen garnieren und mit halbsteif geschlagener Sahne oder Vanilleeis servieren.

Himbeer-Joghurt-Sülze

RHEINLAND

Für 4 Personen

8 Blatt weiße Gelatine, 80 g Zucker, 1 EL Vanillezucker, Saft und Schale von ½ Orange (unbehandelt), 500 g Vollmilchjoghurt, 2 cl Himbeergeist, 250 g Sahne, 400 g Himbeeren, 1–2 TL Puderzucker

1. Die Gelatineblätter in kaltem Wasser einweichen.
2. Zucker, Vanillezucker und 1 EL Wasser sirupartig einkochen. Orangensaft und Orangenschale hinzufügen, von der Kochplatte nehmen und unter den Joghurt rühren.
3. Den Himbeergeist erhitzen, die ausgedrückten Gelatineblätter darin auflösen. Etwas Joghurt unterrühren, dann mit dem restlichen Joghurt vermischen.
4. Die Sahne steif schlagen und mit der Hälfte der Beeren unter die Creme ziehen. In kleine Formen füllen und im Kühlschrank erstarren lassen.
5. Die restlichen Himbeeren mit Puderzucker süßen und die gestürzte Sülze damit garnieren.

MANFRED SCHWARZ

Man kann die Sülze auch ohne Früchte zubereiten und mit einer Sauce aus fein pürierten Himbeeren servieren.

Bayerische Creme

BAYERN

Für 4 Personen

400 ml Milch, Mark von 1 Vanilleschote, abgeriebene Schale von ½ Orange (unbehandelt), 6 Blatt weiße Gelatine, 4 Eigelb, 100 g Zucker, 250 g Sahne

1. Die Milch mit dem Vanillemark und der Orangenschale erhitzen. Die Gelatineblätter in reichlich kaltem Wasser einweichen.
2. Eigelb und Zucker in einer Schlagschüssel mit einem Schneebesen schlagen, bis die Masse weiß und cremig ist und sich der Zucker vollständig aufgelöst hat.
3. Die heiße Milch langsam unter die Eimasse rühren . Über dem heißen Wasserbad dickschaumig aufschlagen.
4. Die Gelatine gut ausdrücken und unter Rühren in der heißen Creme auflösen. Unter gelegentlichem Rühren erkalten lassen. Kurz bevor die Creme zu gelieren beginnt, die steifgeschlagene Sahne gleichmäßig unterziehen.
5. Die Creme in eine mit kaltem Wasser ausgespülte Form füllen und im Kühlschrank mehrere Stunden fest werden lassen.
6. Vor dem Servieren die Form kurz in heißes Wasser tauchen und die Creme auf eine Platte stürzen. In Scheiben schneiden und mit Kompott oder einer fruchtigen Sauce servieren.

Rote Grütze

HAMBURG/SCHLESWIG-HOLSTEIN

Für 4 Personen

250 g rote Johannisbeeren, 100 g schwarze Johannisbeeren, 250 g Himbeeren, 250 g Sauerkirschen, 100 g Zucker, ½ l Kirschsaft, 50 g Speisestärke (z. B. Mondamin)

1. Die Johannisbeeren von den Rispen streifen, die Himbeeren verlesen und die Sauerkirschen entsteinen.
2. Die schwarzen Johannisbeeren, 100 g rote Johannisbeeren und die Hälfte der Himbeeren in einen Topf geben. Mit Zucker bestreuen und etwa 15 Minuten ziehen lassen.
3. Die Früchte mit dem Kirschsaft erhitzen und einige Minuten köcheln lassen. Durch ein Sieb streichen und die Flüssigkeit erneut aufkochen.
4. Die Speisestärke mit etwas kaltem Wasser anrühren und den Fruchtsaft damit binden. Einige Male aufwallen lassen, damit die Grütze klar wird.
5. Die restlichen Früchte vorsichtig unterrühren, kurz erhitzen und etwas abgekühlt in eine Schüssel oder in Portionsschalen füllen. Kalt stellen und gut gekühlt mit Vanillesauce, Sahne oder Milch servieren.

Hollerküchle

BADEN

Für 4 Personen

8 Holunderblüten mit Stiel, 120 g Mehl, Salz, 1 EL Zucker, 1 TL Vanillezucker, Schale von ½ Orange (unbehandelt), 150 ml trockener Weißwein, 2 cl Orangenlikör, 2 EL flüssige Butter, 2 Eiweiß, Fett zum Ausbacken, Puderzucker zum Bestäuben

1. Blüten in kaltes Wasser legen, damit eventuell vorhandener Schmutz herausgespült wird. Auf einem Tuch gut abtropfen lassen.
2. Mehl, Salz, Zucker, Vanillezucker und abgeriebene Orangenschale vermischen. Wein, Likör und Butter dazugeben und mit dem Stabmixer rasch zu einem glatten Teig verquirlen. 20 Minuten ruhen lassen. Das steifgeschlagene Eiweiß unterziehen.
3. Die Blüten am Stiel halten, in den Teig tauchen und nacheinander in reichlich heißem Fett ausbacken. Mit Puderzucker bestäuben.

MANFRED SCHWARZ

Auch die reifen Beeren des Holunders schmecken ausgebacken vorzüglich.

Eierpfannkuchen

RHEINLAND

Für 4 Personen

80 g Mehl, 1 Prise Salz, 1 EL Vanillezucker, 2 Eier, 1 Eigelb, 100 ml Milch, 100 ml Mineralwasser (mit Kohlensäure), 2 EL flüssige Butter, Butter zum Braten, 5 Aprikosen, 2 cl Aprikosenlikör, 2 EL Mandelblättchen

1. Mehl, Salz, Vanillezucker, Eier, Eigelb, Milch, Mineralwasser und die flüssige Butter in einen Rührbecher geben und mit dem Stabmixer rasch zu einem glatten Teig verquirlen. Etwa 30 Minuten ruhen lassen.
2. Butter in einer Pfanne erhitzen, etwas Teig hineingeben, gleichmäßig in der Pfanne verteilen und auf beiden Seiten goldbraun braten. Auf diese Weise nacheinander acht hauchdünne Eierkuchen backen.
3. Die Aprikosen kurz blanchieren, häuten und den Stein entfernen. Das Fruchtfleisch mit 3 EL Wasser aufkochen und einige Minuten köcheln lassen. Mit dem Stabmixer oder im Küchenmixer pürieren, durch ein Sieb streichen und mit Aprikosenlikör abschmecken.
4. Die Eierpfannkuchen vierteln, jeweils zwei auf einem Teller anrichten und mit der Aprikosensauce beträufeln. Mit gerösteten Mandelblättchen bestreuen.

Heidelbeerpfannkuchen

BREMEN/NIEDERSACHSEN

Für 4 Personen

60 g Mehl, 1 Prise Salz, 100 ml Milch, 2 Eier, 1 EL Zucker, Butter zum Braten, 250 g Heidelbeeren, 2 EL Zucker, 1 Msp gemahlener Zimt, Puderzucker zum Bestäuben

1. Mehl, Salz, Milch, Eier und Zucker in einen Rührbecher geben und mit dem Stabmixer zu einem glatten Teig verquirlen. 30 Minuten ruhen lassen.
2. Butter in einer kleinen Pfanne erhitzen und ein Viertel vom Teig hineingießen. Bei mittlerer Hitze kurz anbraten. Wenden, mit einem Viertel der Heidelbeeren bestreuen und wenige Minuten garen.
3. Mit Zucker und Zimt bestreuen und im Backofen warm stellen, bis der restliche Teig und die restlichen Früchte verbraucht sind. Mit Puderzucker bestäubt servieren.

MANFRED SCHWARZ

Bereiten Sie den Pfannkuchen einmal mit frischen, entsteinten Süß- oder Sauerkirschen zu. Man kann auch zusätzlich gehackte Mandeln oder Nüsse unter den Teig mischen.

Quarksoufflé

SACHSEN

Für 4 Personen

2 Eigelb, 80 g Zucker, Mark von ½ Vanilleschote, Schale von ½ Zitrone (unbehandelt), 125 g Magerquark, 125 g Mascarpone, 20 g Speisestärke (z. B. Mondamin), 2 Eiweiß, Butter und Vanillezucker für die Förmchen, 125 g rote Johannisbeeren, 100 g schwarze Johannisbeeren, je 250 g Erdbeeren und Himbeeren, 125 g Brombeeren, 2 EL schwarzes Johannisbeergelee, 4 cl Cassislikör

1. Den Backofen auf 200° C vorheizen. Eigelb, 60 g Zucker, Vanillemark und abgeriebene Zitronenschale schaumig rühren. Magerquark, Mascarpone und Speisestärke hinzufügen und zu einer glatten Creme verrühren.
2. Eiweiß mit dem restlichen Zucker steifschlagen und unterziehen. Feuerfeste Souffléförmchen mit Butter fetten und mit Vanillezucker ausstreuen. Die Creme einfüllen und im leicht siedenden Wasserbad 15 bis 20 Minuten garen.
3. Für den Beerensalat Johannisbeeren von den Rispen streifen, Erdbeeren, Himbeeren und Brombeeren verlesen.
4. Für die Marinade das Johannisbeergelee mit Cassislikör glattrühren und mit den Beeren vermischen. Etwa 30 Minuten zugedeckt im Kühlschrank ziehen lassen.
5. Das Soufflé aus den Förmchen stürzen, auf Tellern anrichten und mit dem gut gekühlten Beerensalat servieren.

Kirschauflauf

BADEN

Für 4 Personen

500 g Kirschen, 2 cl Kirschwasser, 160 g Butter, 100 g Zucker, 1 EL Vanillezucker, 4 Eigelb, 500 g Magerquark, 80 g Hartweizengrieß, 50 g gehackte Mandeln, 4 Eiweiß, 2 EL geriebener Zwieback

1. Kirschen waschen, entsteinen und mit Kirschwasser beträufeln. Zugedeckt 15 Minuten marinieren. Den Backofen auf 180° C vorheizen.
2. In einer Schüssel 100 g Butter, den Zucker und den Vanillezucker verrühren und nach und nach die Eigelbe dazugeben. Alles zu einer schaumigen Masse verrühren. Löffelweise Quark, Grieß und Mandeln dazugeben, dann die Kirschen unter den Teig mischen. Eiweiß steif schlagen und zum Schluß locker und gleichmäßig unterheben.
3. Eine ovale Auflaufform mit der restlichen Butter fetten und mit der Hälfte der Zwiebackbrösel ausstreuen.
4. Die Masse in die Form füllen, die Oberfläche glattstreichen und mit den restlichen Bröseln bestreuen. Die restliche Butter in kleinen Flocken darauf setzen und auf der mittleren Schiene im Backofen etwa 50 Minuten goldbraun backen.

Aprikosentörtchen

SAARLAND

Für 4 Personen

250 g Tiefkühl-Blätterteig, etwa 400 g große Aprikosen, 3 EL Aprikosenkonfitüre, 2 cl Aprikosengeist, 25 g gehackte Pistazienkerne

1. Den Blätterteig auftauen lassen. Etwa 3 mm dick ausrollen und 6 Kreise (12 cm ø) ausschneiden.
2. Ein Backblech mit Backpapier auslegen. Die Teigplätzchen darauf legen. Backofen auf 220° C vorheizen.
3. Die Aprikosen halbieren, entsteinen, in Spalten schneiden und sternförmig auf dem Teig anordnen. Die Törtchen in 10 bis 15 Minuten goldbraun backen.
4. Konfitüre und Aprikosengeist verrühren, kurz erhitzen und die Törtchen damit bestreichen. Den Rand mit Pistazien bestreuen. Törtchen lauwarm servieren.

MANFRED SCHWARZ

Die Törtchen kann man je nach Jahreszeit mit Äpfeln, Zwetschgen, Pfirsichen oder Rhabarber belegen.

Gebratene Grießherzen

MECKLENBURG-VORPOMMERN

Für 4 Personen

Mark von 1 Vanilleschote, abgeriebene Schale von ½ Zitrone (unbehandelt), ½ l Milch, 80 g Hartweizengrieß, 2 Eigelb, 500 g vollreife Aprikosen, ¼ l Weißwein (halbtrocken), 1 Stück Zitronenschale (unbehandelt), 1 Bittermandel, 40 g Zucker, 2 cl Aprikosenlikör, 1 Ei, 2 EL Sahne, 40 g geriebener Zwieback, 40 g gemahlene Mandeln, 40 g Butter zum Braten, einige Minzeblätter

1. Vanillemark und Zitronenschale mit der Milch aufkochen. Den Grieß einrühren und unter Rühren ausquellen lassen. Von der Kochstelle nehmen und die Eigelbe unterrühren.
2. Eine Platte mit kaltem Wasser abspülen, die Grießmasse 1 cm dick darauf streichen und auskühlen lassen.
3. Aprikosen halbieren und entsteinen. Wein, Zitronenschale, Bittermandel und Zucker kurz aufkochen. Früchte dazugeben und darin weich kochen. Herausheben und den Sud um die Hälfte einkochen lassen. Mit Likör abschmecken, die Früchte wieder zufügen und kalt stellen.
4. Aus der Grießmasse acht Herzen ausstechen. Ei und Sahne verquirlen. In einem zweiten Teller die Zwiebackbrösel mit Mandeln vermischen. Grießherzen erst in Ei, dann in den Bröseln wenden und in heißer Butter pro Seite 2 bis 3 Minuten braten.
5. Mit den Aprikosen anrichten und mit Minze garnieren.

Ausgebackene Kirschen

THÜRINGEN

Für 4 Personen

24 schöne Herzkirschen mit Stiel, 100 g Mehl, 1 Prise Salz, 1 EL Zucker, 1 TL Vanillezucker, 1 Msp gemahlener Zimt, 1 Eigelb, knapp ⅛ l Mineralwasser, 2 cl Kirschwasser, 1 EL flüssige Butter, 2 Eiweiß, Fett zum Ausbacken, Puderzucker zum Bestäuben

1. Die Früchte kurz in kaltem Wasser waschen und gut trockentupfen.
2. Für den Teig Mehl, Salz, Zucker, Vanillezucker, Zimt und Eigelb in eine Schüssel geben. Unter Rühren Mineralwasser, Kirschwasser und Butter dazugießen und den Teig etwa 20 Minuten ruhen lassen. Das steifgeschlagene Eiweiß unterziehen.
3. Jeweils 3 Kirschen am Stiel anfassen, in den Teig tauchen und portionsweise in reichlich heißem Fett goldbraun ausbacken. Mit Puderzucker bestäuben.

MANFRED SCHWARZ

Frische Früchte mit zartknuspriger Hülle sind zu jeder Jahreszeit beliebt. Im Herbst schmecken zum Beispiel saftige, ausgebackene Zwetschgen, im Winter sind frische Datteln mit knuspriger Teighülle ein süßer Leckerbissen.

Gegrillte Hähnchenkeulen und Schweinekoteletts

THÜRINGEN

Für 4 Personen

8 Hähnchenkeulen, 4 EL Chilisauce, 2 feingehackte Knoblauchzehen, 1 EL Aceto Balsamico, 2 EL Zitronensaft, 1 EL dünnflüssiger Honig, 2 EL Olivenöl extra virgen, Salz, Pfeffer

1. Die Hähnchenkeulen waschen und trockentupfen.
2. Chilisauce mit Knoblauch, Essig, Zitronensaft, Honig und Olivenöl verrühren und mit Salz und Pfeffer würzen.
3. Die Hähnchenkeulen mit der Marinade bestreichen und mindestens 1 bis 2 Stunden marinieren.
4. Die Keulen entweder über der Glut des Holzkohlengrills oder im vorgeheizten Grill des Backofens auf beiden Seiten 10 bis 15 Minuten goldbraun und knusprig grillen.

Für 4 Personen

4 große Schweinekoteletts, 4 EL Keimöl, 1 EL Dijonsenf, Saft und Schale von 1 Zitrone (unbehandelt), 1 TL gerebelter Thymian, Salz, Cayennepfeffer

1. Die Koteletts waschen und trockentupfen. Das Öl mit Senf, Zitronensaft und Zitronenschale und mit gerebeltem Thymian verrühren und mit Salz und Cayennepfeffer würzen. Die Koteletts damit bestreichen und mindestens 1 Stunde marinieren.
2. Entweder über der Glut des Holzkohlengrills oder im vorgeheizten Grill des Backofens auf beiden Seiten 4 bis 5 Minuten goldbraun und knusprig grillen.

MANFRED SCHWARZ

Köstlich schmecken außerdem gegrillte Fische, wie Forellen, Saiblinge oder Makrelen. Damit auch das zarte Fischfleisch etwas vom herrlichen Aroma des Holzkohlengrills abbekommt, die Haut am besten vor dem Grillen einschneiden. Zu allen Grillköstlichkeiten passen sehr gut mehligkochende, gegrillte Folienkartoffeln.

Gemüsespieße

HESSEN

Für 4 Personen

1 großer, gegarter Maiskolben, 2 kleine Zucchini, 1 rote und 1 gelbe Paprikaschote, 8 Schalotten, 8 EL Olivenöl, Saft von 1 Zitrone, 1 EL gerebelter Thymian, Meersalz, grobgeschroteter Pfeffer

1. Die Maiskolben mit einem scharfen Messer in dicke Scheiben schneiden. Die Zucchini waschen und in dickere, schräge Scheiben schneiden. Paprikaschoten waschen, halbieren und die Stielansätze und Trennwände entfernen. Die Hälften in mundgerechte Stücke schneiden. Die Gemüse abwechselnd auf Spieße stecken.
2. Olivenöl, Zitronensaft, Thymian, Salz und Pfeffer verrühren und die Gemüsespieße damit bepinseln. Auf dem heißen Grill 15 bis 20 Minuten unter Wenden goldbraun und gar werden lassen.

Sommer-Fruchtsalat

Sachsen

Für 4 Personen

2 Pfirsiche, 2 Orangen, 1 Ogenmelone, 2 Äpfel, 1 rotbackige Birne, 150 g rote Johannisbeeren, 2 EL Vanillezucker, 4 EL Orangenlikör, 100 ml Weißwein (halbtrocken), 3–4 EL Mandelstifte

1. Die Pfirsiche kurz in kochendes Wasser tauchen, häuten, halbieren und entkernen. Die Hälften in Spalten schneiden. Die Orangen so dick schälen, daß die weiße Haut völlig entfernt ist, und die Fruchtspalten zwischen den Trennhäuten herauslösen. Die Melone halbieren, die Kerne mit einem Löffel herauslösen und mit einem Kugelformer runde Bällchen aus dem Fruchtfleisch ausstechen. Die Äpfel waschen, vierteln, entkernen und quer in dünne Scheiben schneiden. Die gewaschene Birne halbieren, entkernen und der Länge nach in schmale Spalten schneiden. Die Johannisbeeren von den Rispen zupfen, waschen und gut abtropfen lassen.

2. Die Früchte in einer großen Schüssel vermischen und mit Vanillezucker bestreuen. Vorsichtig mit zwei Löffeln vermischen und etwa 15 Minuten durchziehen lassen.

3. Orangenlikör und Wein verrühren und über den Salat gießen. Vermischen und mit Sichtfolie bedeckt mindestens 1 Stunde durchziehen lassen.

4. Kurz vor dem Servieren die Mandelstifte untermischen. Wichtig ist, daß der Fruchtsalat gut gekühlt serviert wird. Halbsteif geschlagene und mit Orangenlikör parfümierte Sahne paßt gut dazu.

Herbstküche

Herbstzeit – Erntezeit! Äpfel und Birnen hängen vollreif am Baum und warten darauf, zu verführerischen Mehlspeisen oder Desserts verarbeitet zu werden. Die Kartoffeln sind jetzt wieder so stärkereich, daß man leckere Klöße, Schupfnudeln oder andere schmackhafte Kartoffelspezialitäten daraus zubereiten kann.

Gefüllte Steinpilze

THÜRINGEN

Für 4 Personen

2 Scheiben Toastbrot, 5–6 EL heiße Milch, 1 Zwiebel, 1 Knoblauchzehe, 4 große Steinpilze, 2 EL Keimöl, 80 g roher Schinken, 1 EL gehackte Petersilie, Salz, Pfeffer, 40 g Butter, 1 TL Paniermehl

1. Die Toastbrotscheiben in sehr kleine Würfel schneiden und mit heißer Milch begießen. Zwiebel und Knoblauch schälen und in kleine Würfel schneiden.
2. Pilze putzen, falls nötig kurz waschen, die Stiele herausdrehen und fein hacken. Die Köpfe beiseite legen. Backofen auf 220° C vorheizen.
3. Die Zwiebel- und Knoblauchwürfel im erhitzten Öl andünsten. Die feingehackten Pilze und den in Würfel geschnittenen Schinken dazugeben und mit anbraten. Zum Schluß die Petersilie untermischen und das ausgedrückte Weißbrot hinzufügen. Alles zu einer glatten Masse verrühren und mit Salz und Pfeffer würzen.
4. Eine flache Auflaufform mit der Hälfte der Butter fetten. Die Steinpilzköpfe mit der Farce füllen und hineinsetzen. Mit Paniermehl und Butterflöckchen bestreuen.
5. Auf der mittleren Schiene im Backofen in etwa 15 Minuten goldbraun überbacken.

Grünkernplätzchen

SACHSEN-ANHALT

Für 4 Personen

1 Schalotte, 10 g Butter, 150 g gekochter Grünkern, 1 EL gehackte Kräuter, 1 Ei, 1 Eigelb, 1–2 EL Paniermehl, Salz, Muskatnuß (gerieben), Keimöl zum Ausbacken, 150 g Speisequark, 1 EL Sahne, 1 kleine Zwiebel, ½ Knoblauchzehe, Salz, weißer Pfeffer, 1 Kästchen Kresse

1. Die Schalotte schälen, in kleine Würfel schneiden und in Butter glasig dünsten. Die gegarten Körner untermischen und kurz mit andünsten. Von der Kochplatte nehmen und Kräuter, Ei, Eigelb und Paniermehl hinzufügen. Mit Salz und Muskat würzen und zu einer geschmeidigen Masse verrühren.
2. Das Öl in einer beschichteten Pfanne erhitzen und mit einem Eßlöffel kleine Plätzchen in das heiße Fett setzen. Auf beiden Seiten goldbraun braten.
3. Den Speisequark mit der Sahne glattrühren. Zwiebel schälen, in kleine Würfel schneiden und unter den Quark mischen. Durchgepreßte Knoblauchzehe dazugeben. Quark mit Salz und Pfeffer würzig abschmecken. Die Creme auf die Plätzchen häufen und mit Kresse garnieren.

Halwe Hahn

RHEINLAND

Für 4 Personen

300 g junger Gouda (in dünnen Scheiben), 1 Bund Frühlingszwiebeln, 1 Bund Radieschen, 1 TL scharfer Senf, Salz, Pfeffer, 1 Msp gemahlener Kümmel, 1 EL Weißweinessig, 4 EL Keimöl, 4 knusprige Roggenbrötchen, 4 Salatblätter, 20 g Butter

1. Die Käsescheiben übereinanderlegen, der Länge nach halbieren und quer in feine Streifen schneiden. Frühlingszwiebeln und Radieschen putzen, waschen und in feine Scheiben oder Streifen schneiden. Mit den Käsestreifen vermischen.
2. Senf, Salz, Pfeffer, Kümmel, Essig und Öl zu einer Vinaigrette verrühren und die vorbereiteten Zutaten damit marinieren. Mindestens 15 Minuten ziehen lassen.
3. Die Brötchen halbieren. Salatblätter waschen, trockenschütteln und jeweils ein Blatt auf die unteren Brötchenhälften legen. Den Käsesalat darauf geben. Die übrigen Brötchenhälften mit Butter bestreichen und darauf setzen.

Strammer Max

BERLIN/MARK BRANDENBURG

Für 4 Personen

200 g magerer, roher Schinken (in dünnen Scheiben), 100 g durchwachsener Räucherspeck (in dünnen Scheiben), 4 Scheiben Bauernbrot, 60 g Butter, 4 Eier, Salz, Pfeffer, 1 kleines Glas Mixed Pickles, 4 Petersilienstiele

1. Schinken und Speck erst in kleine Würfel schneiden, dann mit einem Wiegemesser fein wiegen.
2. Die Brotscheiben rösten und etwas abkühlen lassen. Mit Butter bestreichen und die Butterseite in die Schinkenwürfel drücken.
3. Die restliche Butter in einer beschichteten Pfanne erhitzen und vier Spiegeleier darin braten. Jeweils ein Spiegelei auf ein Schinkenbrot legen. Mit Salz und Pfeffer würzen und mit Mixed Pickles und Petersilie garnieren.

MANFRED SCHWARZ

Auch kerniges Vollkornbrot schmeckt auf diese Art belegt köstlich.

Möhren-Feldsalat

RHEINLAND

Für 4 Personen

500 g Möhren, 300 g Petersilienwurzeln, 1 Zwiebel, 60 g Feldsalat, 1 TL Senf, 1 TL dünnflüssiger Honig, 1 EL Aceto Balsamico, 1–2 EL Weißweinessig, Salz, Pfeffer, 1/8 l Fleischbrühe, 4 EL Keimöl, 80 g durchwachsener Räucherspeck, 1 Bund Schnittlauch

1. Möhren und Petersilienwurzeln putzen und waschen. In wenig Wasser 10 bis 15 Minuten bißfest kochen. Die Zwiebel schälen und in kleine Würfel schneiden. Den Feldsalat sorgfältig putzen, waschen und gut abtropfen lassen.
2. Senf, Honig, Essig, Salz und Pfeffer so lange verrühren, bis sich das Salz gelöst hat, und unter weiterem Rühren die Brühe und das Öl dazugießen.
3. Das gegarte Gemüse in dünne Scheiben schneiden, mit der Vinaigrette vermischen und durchziehen lassen.
4. Kurz vor dem Servieren den Räucherspeck in kleine Würfel schneiden. In einer Pfanne ohne Fett goldbraun und knusprig braten.
5. Eine Platte mit dem Feldsalat auslegen, den Möhren-Petersilienwurzel-Salat darauf anrichten und mit den Speck- und Zwiebelwürfeln und dem feingeschnittenen Schnittlauch bestreut servieren.

Linsensalat mit Fisch

MECKLENBURG-VORPOMMERN

Für 4 Personen

150 g Tellerlinsen, 1 kleiner Radicchio, 80 g Feldsalat, 2 Schalotten, 1 große Möhre, 1/2 Bund Dill, 400 g gemischter Räucherfisch (ohne Haut und Gräten, z. B. Heilbutt, Räucheraal, Makrele, Schillerlocke oder Bückling), 4 EL Weißweinessig, 1/2 TL geriebener Meerrettich, Salz, Pfeffer, 5 EL Olivenöl extra virgen

1. Die Linsen in kochendem Wasser je nach Alter 20 bis 30 Minuten garen.
2. Radicchioblätter ablösen und den Feldsalat sorgfältig putzen. Beide Salate gründlich waschen und trockenschütteln.
3. Schalotten und Möhre schälen und in sehr kleine Würfel schneiden. Den Dill fein hacken. Die Linsen in ein Sieb abgießen und gut abtropfen lassen.
4. Radicchioblätter und Feldsalat auf einer großen Platte oder auf 4 Tellern anrichten. Die Räucherfische in kleine Stücke zerteilen, die abgekühlten Linsen sowie die Zwiebel- und Möhrenwürfel darauf verteilen. Mit dem gehackten Dill bestreuen.
5. Für die Vinaigrette Essig, Meerrettich, Salz und Pfeffer verrühren, bis sich das Salz gelöst hat. Nach und nach das Öl unterschlagen. Den Linsensalat mit der Vinaigrette beträufeln.

Herbstsalat mit Pilzen

PFALZ

Für 4 Personen

1 Eichblattsalat, 250 g Pfifferlinge, 1 Schalotte, 30 g Butter, ½ Bund Petersilie, 100 g Knollensellerie, 1 EL Zitronensaft, 1 TL Dijonsenf, Salz, Pfeffer, 2 EL Rotweinessig, 1 EL Portwein, 5 EL Olivenöl extra virgen, 2 EL Walnußöl, 150 g blaue Trauben, 8 kleine Ziegenkäse à ca. 25 g (z. B. Rocamadour), 2 EL Paniermehl, 8 Walnußkernhälften

1. Eichblattsalat putzen, waschen, gut abtropfen lassen und in mundgerechte Stücke teilen. Pfifferlinge putzen und falls nötig kurz waschen. Pilze je nach Größe vierteln oder ganz lassen. Schalotte schälen, in Würfel schneiden und in der zerlassenen Butter glasig dünsten. Die Pilze dazugeben und mit anbraten. Petersilie fein hacken. Den Knollensellerie schälen und in sehr feine Streifen schneiden. Mit Zitronensaft beträufeln.
2. Senf, Salz, Pfeffer, Essig, Portwein, 3 EL Olivenöl und das Walnußöl zu einer Vinaigrette verrühren.
3. Trauben waschen, halbieren und entkernen. Ziegenkäse im Paniermehl wenden und im restlichen erhitzten Olivenöl von beiden Seiten rasch goldgelb braten.
4. Eichblattsalat und Sellerie mit der Vinaigrette vermischen und auf vier Teller verteilen. Mit Pfifferlingen, Trauben, je zwei Käsestückchen und zwei Walnußkernhälften anrichten.

Feldsalat mit Kracherle

PFALZ

Für 4 Personen

200 g Feldsalat, 1 Zwiebel, 2 hartgekochte Eier, 1 Knoblauchzehe, 1 TL geriebener Meerrettich, Salz, Pfeffer, 1 EL Rotweinessig, 1 EL Apfelessig, 5 EL Keimöl, 1 EL Nußöl, 8 Mini-Wiener-Würstchen

1. Feldsalat putzen, gründlich waschen und gut abtropfen lassen.
2. Die Zwiebel und die Eier schälen und beides in kleine Würfel schneiden. Die Knoblauchzehe halbieren und mit den Schnittflächen eine Salatschüssel ausreiben.
3. Meerrettich mit Salz, Pfeffer, Rotwein- und Apfelessig, 3 EL Keimöl und das Nußöl zu einer Vinaigrette verrühren.
4. Jedes Würstchen an den Enden kreuzförmig einschneiden. Restliches Öl in einer Pfanne erhitzen und die Würstchen darin so lange braten, bis sie knusprig sind und sich die Enden aufrollen.
5. Den Feldsalat mit den Zwiebelwürfeln und der Vinaigrette vermischen. Mit den Eierwürfeln bestreuen. Die „Kracherle" darauf verteilen und den Salat mit knusprigem Roggenbaguette servieren.

Kartoffelsuppe

Pfalz

Für 4 Personen

800 g mehligkochende Kartoffeln, 4 mittelgroße Lauchstangen, 60 g Butter, 1 ½ l Hühnerbrühe, Salz, weißer Pfeffer, Muskatnuß (gerieben), 125 g Sahne, 1 EL Keimöl, einige Kerbelstiele

1. Die Kartoffeln waschen und schälen. Eine große Kartoffel beiseite legen, die restlichen in Würfel schneiden. Die Lauchstangen putzen und den weißen Teil sorgfältig waschen. Lauch in feine Scheiben schneiden.
2. In einem Kochtopf 50 g Butter aufschäumen lassen und den Lauch darin etwa 5 Minuten andünsten. Die Kartoffeln dazugeben, kurz andünsten und die Geflügelbrühe angießen. Mit Salz, Pfeffer und Muskat würzen und zugedeckt bei mittlerer Hitze 30 Minuten kochen lassen.
3. Die Suppe mit dem Stabmixer oder im Küchenmixer fein pürieren. Durch ein Sieb streichen, die Sahne dazugießen und kurz aufkochen lassen. Kartoffelsuppe herzhaft abschmecken.
4. Die restliche Kartoffel in sehr kleine Würfel schneiden. Öl und die restliche Butter in einer Pfanne erhitzen und die Kartoffelwürfel darin goldgelb und knusprig braten.
5. Die Suppe auf vier Teller verteilen und mit den Kartoffelwürfeln und den Kerbelblättern bestreuen.

Kürbissuppe

Mecklenburg-Vorpommern

Für 4 Personen

1 Zwiebel, 1 Knoblauchzehe, 500 g Kürbisfleisch (geschält und entkernt), 1 Möhre, 3 EL Keimöl, Salz, Pfeffer, frisch gemahlener Koriander, ¾ l Hühnerbrühe, 30 g Kürbiskerne, 2 Dillzweige, Kürbiskernöl nach Geschmack

1. Zwiebel und Knoblauch schälen und in kleine Würfel schneiden. Das Kürbisfleisch und die geschälte Möhre kleinschneiden. 2 EL Öl erhitzen und die Zwiebel- und Knoblauchwürfel darin glasig dünsten. Die Kürbis- und Möhrenstücke dazugeben, mit andünsten und mit Salz, Pfeffer und Koriander würzen. Die Brühe angießen und zugedeckt etwa 25 Minuten köcheln lassen.
2. Die Suppe mit dem Stabmixer fein pürieren und falls nötig mit etwas Brühe verdünnen.
3. Die Kürbiskerne im restlichen Öl rösten. Die Suppe mit den Kürbiskernen und grobgehacktem Dill bestreuen. Kürbiskernöl fügt jeder selbst hinzu.

Manfred Schwarz

Kräuter, die gut mit Kürbis harmonieren, sind außer Dill noch Thymian, Rosmarin, Borretsch, Minze und Zitronenmelisse.

Graupensuppe

MECKLENBURG-VORPOMMERN

Für 4 Personen

100 g Graupen, 2 Frühlingszwiebeln, 1 Knoblauchzehe, 40 g Butter, Salz, Pfeffer, Cayennepfeffer, 1 l Fleischbrühe, 3 Fleischtomaten, ½ Bund Petersilie, frisch geriebener Hartkäse

1. Die Graupen einige Stunden, am besten über Nacht, in kaltem Wasser einweichen.
2. Die Frühlingszwiebeln putzen, waschen und in feine Ringe schneiden. Die Knoblauchzehe schälen und fein hacken.
3. Die Butter aufschäumen lassen und Zwiebeln und Knoblauch darin glasig dünsten. Die gut abgetropften Graupen dazugeben und mit andünsten. Mit Salz, Pfeffer und Cayennepfeffer würzen und die Fleischbrühe angießen. So lange bei schwacher Hitze köcheln lassen, bis die Graupen weich sind.
4. In der Zwischenzeit die Tomaten kurz blanchieren, häuten, entkernen und in kleine Würfel schneiden. Kurz vor Ende der Garzeit die Tomatenwürfel unter die Suppe mischen und noch einige Minuten ziehen lassen.
5. Petersilie fein hacken und unter die Suppe rühren. Auf vier tiefe Teller verteilen und mit Käse bestreuen.

Linsencremesuppe

RHEINLAND

Für 4 Personen

150 g kleine Tellerlinsen, 1 Zwiebel, 1 kleine Knoblauchzehe, 30 g Butter, 1 Thymianzweig, 1 kleines Lorbeerblatt, Salz, Pfeffer, 1 EL Aceto Balsamico, 1 ¼ l Hühnerbrühe, 4 EL steifgeschlagene Sahne, 1 EL frisch gehackte Petersilie

1. Die Tellerlinsen in kaltes Wasser legen und oben schwimmende Linsen entfernen. Auf einem Sieb abtropfen lassen.
2. Zwiebel und Knoblauch schälen, fein hacken und in aufgeschäumter Butter glasig dünsten. Die abgetropften Linsen, den Thymianzweig und das Lorbeerblatt dazugeben, mit Salz und Pfeffer würzen und kurz mit andünsten. Mit Aceto Balsamico ablöschen und die Hühnerbrühe angießen. Aufkochen lassen und bei schwacher Hitze je nach Alter der Linsen 20 bis 30 Minuten köcheln lassen.
3. Von den gegarten Linsen 4 EL beiseite legen, den Rest pürieren und durch ein feines Sieb streichen.
4. Die Sahne unter die Suppe ziehen, auf vier tiefe Teller verteilen und mit gehackter Petersilie und den restlichen Linsen bestreut servieren.

Bratheringe

HAMBURG

Für 4 Personen

8 mittelgroße, küchenfertige grüne Heringe, Saft von 1 Zitrone, 8 Thymianzweige, Salz, Pfeffer, 4–5 EL doppelgriffiges Mehl (Wiener Grießler), Keimöl zum Braten, 1 Zitrone

1. Die Heringe waschen und mit Küchenpapier trockentupfen. Mit Zitronensaft beträufeln und mit je einem Thymianzweig füllen.
2. Salz und Pfeffer mit dem Mehl auf einem Teller vermischen und die Heringe darin wenden. Überschüssiges Mehl abklopfen.
3. Reichlich Öl in einer Pfanne erhitzen und die Hälfte der Heringe darin auf jeder Seite in 3 bis 4 Minuten goldbraun und knusprig braten. Herausnehmen und im heißen Backofen warm stellen, bis die restlichen Heringe gebraten sind. Mit Pellkartoffeln und Feldsalat servieren.
Außerdem passen eine Senfsauce und kühles Bier dazu.

MANFRED SCHWARZ

Man kann die frisch gebratenen Heringe auch mit einer Essigmarinade begießen, mit Zwiebelringen belegen und zugedeckt im Kühlschrank bis zum nächsten Tag marinieren.

Heilbutt mit Fenchel

BREMEN/NIEDERSACHSEN

Für 4 Personen

4 Heilbuttkoteletts à ca. 200 g, Saft von ½ Zitrone, Salz, weißer Pfeffer, etwas gemahlener Ingwer, 2 Fenchelknollen mit Grün, 60 g Butter, ⅛ l trockener Weißwein, ⅛ l Fischfond

1. Die Heilbuttkoteletts waschen, trockentupfen, mit Zitronensaft beträufeln und mit Salz, Pfeffer und Ingwer würzen.
2. Die Fenchelknollen der Länge nach halbieren, den Strunk entfernen, das Grün abschneiden und fein hacken. Die Hälften quer in hauchdünne Streifen schneiden und auf einem Dämpfeinsatz verteilen. Mit 20 g Butter in Flöckchen belegen.
3. Wein und Fischfond in einem breiten Topf aufkochen. Den Dämpfeinsatz darüber stellen und die Fenchelstreifen in etwa 10 Minuten bißfest garen.
4. Die Fischkoteletts auf den Fenchel legen, 20 g Butter darauf verteilen und den Heilbutt 10 bis 12 Minuten dämpfen. Dann den Dämpfeinsatz mit den Fischen warm stellen und den Fond bei starker Hitze um die Hälfte einkochen lassen.
5. Fond von der Kochstelle nehmen und die restliche Butter in kleinen Flocken unterschlagen. Das feingehackte Fenchelgrün unterrühren. Heilbuttkoteletts mit der Sauce und Salzkartoffeln servieren.

Miesmuscheln

RHEINLAND

Für 4 Personen

2 kg Miesmuscheln, 1 Lauchstange, 2 Schalotten, 1 Knoblauchzehe, 3 EL Olivenöl extra virgen, 1/8 l Sherry (Amontillado, halbtrocken), 1/8 l Fischfond, Salz, Cayennepfeffer, 250 g Sahne, 2–3 EL eingelegte, grüne Pfefferkörner, 2 EL gehackte Petersilie

1. Die Muscheln unter fließend kaltem Wasser sorgfältig mit einer Bürste putzen. Die Bärte entfernen und bereits geöffnete Muscheln aussortieren.
2. Von der Lauchstange die Wurzeln und das grüne Ende entfernen. Die Stange längs einschneiden, gründlich waschen und in feine Ringe schneiden. Schalotten und Knoblauch schälen und in kleine Würfel schneiden.
3. Öl in einem großen Topf erhitzen und das Gemüse darin andünsten. Sherry und Fischfond angießen, würzen und aufkochen lassen. Die Muscheln in den Sud geben und zugedeckt bei mittlerer Hitze 6 bis 8 Minuten garen, dabei ab und zu den Topf schwenken.
4. Sobald sich alle Schalen geöffnet haben, die Muscheln mit einem Schaumlöffel aus dem Sud heben und warm stellen. Geschlossene Muscheln aussortieren, sie sind nicht genießbar. Sahne und Pfefferkörner in den Sud geben und bei starker Hitze sämig einkochen lassen.
5. Die Sauce über die Muscheln gießen, mit Petersilie bestreuen und mit frischem Weißbrot sofort servieren.

Fischauflauf

BREMEN/NIEDERSACHSEN

Für 4 Personen

2 große Möhren, 1 dicke Lauchstange, Salz, je 300 g Seeteufel- und Lachsfilet, 200 g ausgelöste Garnelen, Saft von 1 Zitrone, 30 g Mehl, 70 g Butter, 1/8 l Milch, 1/8 l Fischfond, 1 EL Noilly Prat, Pfeffer, 3 Eigelb, 3 Eiweiß, 1 EL feingeschnittener Dill, 9 fertige Nudelplatten

1. Möhren schälen, Lauchstange putzen und beides in feine Streifen schneiden. In kochendem Salzwasser blanchieren und kalt abschrecken.
2. Fischfilets waschen, trockentupfen, in Stücke schneiden und mit den Garnelen vermischen. Mit Zitronensaft beträufeln und salzen. Backofen auf 180° C vorheizen.
3. Das Mehl in 30 g aufgeschäumter Butter anschwitzen, Milch und Fischfond angießen und einige Minuten kochen lassen. Mit Noilly Prat, Salz und Pfeffer würzen, von der Kochplatte nehmen und das Eigelb unterrühren. Steifgeschlagenes Eiweiß und den Dill unterziehen.
4. Ein tiefe, rechteckige Form mit Butter fetten und mit drei Nudelplatten auslegen. Mit einem Drittel der Sauce bestreichen und die Hälfte der Gemüsestreifen sowie der Fischmischung darauf geben. Mit Nudeln bedecken und diesen Vorgang wiederholen. Die letzte Nudelschicht mit Sauce bestreichen, die restlichen Butter in Flöckchen darüberstreuen und den Fischauflauf im Backofen 25 bis 30 Minuten goldbraun backen.

Putengeschnetzeltes

MECKLENBURG-VORPOMMERN

Für 4 Personen

600 g Putenbrustfleisch, Salz, weißer Pfeffer, 250 g Steinpilze, 2 Zwiebeln, 3 EL Keimöl, 20 g Butter, 4–5 frische Estragonblätter, 4–5 EL Weißwein, 1/8 l Hühnerbrühe, 200 g Sahne, 1 EL Dijonsenf

1. Das Putenfleisch erst in 1 cm dicke Scheiben und dann in 1 cm breite Streifen schneiden. Mit Salz und Pfeffer würzen.
2. Die Pilze putzen, falls nötig kurz waschen und vierteln oder in Scheiben schneiden. Die Zwiebeln schälen und in kleine Würfel schneiden.
3. Die Putenstreifen im heißen Öl portionsweise kurz anbraten. Herausnehmen und beiseite stellen.
4. Die Butter in das Bratfett geben und die Zwiebelwürfel darin glasig dünsten. Pilze und 3 bis 4 feingeschnittene Estragonblätter hinzufügen und bei starker Hitze anbraten.
5. Mit Wein ablöschen, Brühe und Sahne angießen und die Sauce bei mittlerer Hitze sämig einkochen lassen. Die Putenstreifen dazugeben, den Senf unterrühren und das Geschnetzelte mit Salz und Pfeffer würzig abschmecken.
6. Zum Schluß die restlichen feingeschnittenen Estragonblätter daruntermischen und das Geschnetzelte mit Kartoffelpuffern servieren.

Geflügelleber mit Apfel

MECKLENBURG-VORPOMMERN

Für 4 Personen

500 g frische Putenleber, 2 große Zwiebeln, 2 große aromatische Äpfel (z. B. Boskop), 4 EL Gänseschmalz, 4 Majoranzweige, Salz, Pfeffer, 1/8 l trockener Weißwein, 4 große Scheiben Bauernbrot

1. Putenleber von Fett und Sehnen befreien. Die Zwiebeln schälen und in feine Ringe schneiden. Die Äpfel schälen, entkernen und in ½ cm dicke Scheiben schneiden.
2. In einer Pfanne 2 EL Gänseschmalz erhitzen und die Zwiebelringe darin bei starker Hitze goldbraun braten. Herausnehmen und auf Küchenpapier abtropfen lassen.
3. Einen weiteren Eßlöffel Schmalz in die Pfanne geben und die Apfelscheiben von beiden Seiten goldgelb braten. Herausnehmen und abtropfen lassen.
4. Das restliche Schmalz erhitzen und die Leber darin auf jeder Seite 3 bis 5 Minuten anbraten. Mit der Hälfte der gehackten Majoranblättchen bestreuen und mit Salz und Pfeffer würzen. Die Leber herausnehmen, wenn sie innen noch leicht rosa ist. Den Bratenfond mit Weißwein aufgießen und etwas einkochen lassen.
5. Das Brot rösten. Mit der in Scheiben geschnittenen Leber und den Apfel- und Zwiebelringen belegen und mit etwas Bratenfond beträufeln.

Frankfurter Hahn

HESSEN

Für 4 Personen

1 Hähnchen à ca. 1,2 kg, Salz, Pfeffer, 50 g Weißbrot, 4–6 EL heiße Milch, 1 Zwiebel, 1 Möhre, ½ Bund Petersilie, 80 g Butter, 300 g Kalbsbrät, 2 Eigelb, Muskatnuß (gerieben), 1 Bund Suppengrün, ⅛ l trockener Apfelwein, ⅛ l Hühnerbrühe, 125 g Sahne

1. Das Hähnchen mit Salz und Pfeffer einreiben. Weißbrot kleinschneiden und mit der heißen Milch begießen. Zwiebel schälen, Möhre putzen und beides in kleine Würfel schneiden. Die Petersilie fein hacken.
2. Zwiebeln und Möhren in 20 g aufgeschäumter Butter anbraten und die Petersilie hinzufügen. Abkühlen lassen.
3. Kalbsbrät mit Eigelb, ausgedrücktem Weißbrot und Gemüse verrühren und würzig abschmecken. Den Backofen auf 200° C vorheizen.
4. Das Hähnchen mit der Farce füllen und mit Küchengarn zunähen. Das Suppengrün waschen und kleinschneiden.
5. Hähnchen in der restlichen Butter anbraten, das Suppengrün dazugeben, mit andünsten und den Wein angießen. Zugedeckt im Backofen 45 Minuten braten, dabei mehrmals mit Brühe begießen. Ohne Deckel in weiteren 30 Minuten goldbraun braten.
6. Das Hähnchen herausnehmen und warm stellen. Den Bratenfond durch ein Sieb streichen und mit der Sahne sämig einkochen lassen.

Putenrollbraten

WESTFALEN

Für 4 Personen

1 kg Putenbrustfleisch, je 1 kleine rote, gelbe und grüne Paprikaschote, 2 Zwiebeln, 2 EL Keimöl, Salz, Pfeffer, 1 EL Paniermehl, 2 EL Sahne, 2 Eigelb, 1 EL frisch gehackte Petersilie, 200 g rohes Bratwurstbrät, 1 TL Paprikapulver, 50 g Butter, gemahlener Kümmel, ¼ l Bier, ⅛ l Hühnerbrühe

1. Das Putenfleisch so einschneiden, daß eine große Fleischscheibe entsteht, und vorsichtig flach klopfen.
2. Die Paprikaschoten halbieren und putzen, 1 Zwiebel schälen und alles in kleine Würfel schneiden. Im heißen Öl andünsten. Salzen, pfeffern und abkühlen lassen.
3. Paniermehl, Sahne, Eigelb, Petersilie und die Gemüsemischung unter das Brät mischen und würzen. Backofen auf 160° C vorheizen.
4. Die Füllung auf das Fleisch streichen. Von der Schmalseite her aufrollen und mit Küchengarn verschnüren. In heißer Butter rundherum anbraten. Die restliche Zwiebel schälen, kleinschneiden und mit anbraten. Rollbraten mit Kümmel würzen, mit Bier ablöschen und im Backofen in 1 Stunde braten. Herausnehmen und warm stellen.
5. Den Bratenfond mit Brühe aufgießen, kurz kochen lassen und durch ein Sieb streichen. In wenigen Minuten sämig einkochen und zu dem in Scheiben geschnittenen Rollbraten reichen.

Panierte Koteletts

PFALZ

Für 4 Personen

4 Schweinekoteletts à ca. 200 g, Salz, Pfeffer, 2 Eier, 2 EL geschlagene Sahne, 100 g frisch geriebenes Weißbrot, 2–3 EL geriebener Hartkäse, 80 g Butter, 1 Zitrone

1. Koteletts waschen und trockentupfen. Das Fleisch etwas vom Knochen lösen und den Rand einschneiden, damit sich die Koteletts beim Braten nicht wölben. Mit der flachen Seite des Fleischklopfers leicht klopfen und mit Salz und Pfeffer würzen.
2. Die Eier auf einem tiefen Teller verquirlen und die Sahne unterziehen. Auf einem zweiten Teller die frisch geriebenen Weißbrotbrösel mit dem geriebenen Hartkäse vermischen.
3. Die Koteletts erst durch die Eiermischung ziehen, dann in der Bröselmischung wenden. Die Panade leicht festdrücken.
4. Die Butter in einer großen Pfanne aufschäumen lassen und die Koteletts bei mittlerer Hitze in 3 bis 5 Minuten pro Seite goldbraun und knusprig braten. Mit Zitronenvierteln servieren.
Dazu passen Kartoffel- und Endiviensalat.

Gefüllte Koteletts

SCHWABEN

Für 4 Personen

4 Stielkoteletts vom Schwein à ca. 250 g, Salz, Pfeffer, 150 g Frischkäse, 1 Bund gemischte Kräuter, 2 EL gehackte Haselnüsse, 1 kleine Dose Tomatenstücke, 1 Knoblauchzehe, 4 EL Keimöl, 1 Thymianzweig, 1/8 l Fleischbrühe, 2 EL gehackte Petersilie

1. Die Koteletts waschen und trockentupfen. In jedes Kotelett eine Tasche schneiden. Koteletts innen und außen mit Salz und Pfeffer würzen.
2. Den Frischkäse mit einer Gabel zerdrücken. Kräuter und Nüsse fein hacken und mit dem Frischkäse verrühren. Die Koteletts damit füllen und die Öffnungen mit kleinen Holzspießen zustecken.
3. Die Tomatenstücke auf einem Sieb abtropfen lassen. Die Knoblauchzehe fein hacken.
4. Das Öl in einer Pfanne erhitzen und die Koteletts darin bei mittlerer Hitze 5 bis 6 Minuten pro Seite braten. Aus der Pfanne nehmen und in Alufolie wickeln.
5. Tomatenstücke, Knoblauch und Thymian in das Bratfett geben und kurz andünsten. Salzen, pfeffern und die Fleischbrühe angießen. Bei starker Hitze einige Minuten kochen lassen. Die gehackte Petersilie daruntermischen. Die Koteletts mit dem Tomatengemüse servieren.

Schweinefilet mit Käse

SACHSEN

Für 4 Personen

10 getrocknete Aprikosen, 1/8 l Weißwein, 8 dicke Scheiben Schweinefilet à ca. 75 g, Salz, Pfeffer, 2 EL Keimöl, 20 g Butter, 1/8 l Fleischbrühe, 8 Scheiben Camembert mit Edelpilzkäse

1. Die Aprikosen halbieren, mit Wein übergießen und mindestens 20 Minuten marinieren.
2. Die Fleischscheiben mit Salz und Pfeffer würzen und in einer Pfanne im heißen Öl auf jeder Seite 2 bis 3 Minuten anbraten.
3. Die Aprikosen auf einem Sieb abtropfen lassen. Dabei die Einweichflüssigkeit auffangen. Die Fleischscheiben aus der Pfanne nehmen und in Alufolie wickeln.
4. Die Butter im Bratenfond aufschäumen lassen, die Aprikosen hineingeben und kurz andünsten. Die Einweichflüssigkeit und die Brühe angießen und um die Hälfte einkochen lassen.
5. Das Fleisch wieder in die Pfanne geben, mit Aprikosen belegen und mit den Käsescheiben bedecken. Den Dekkel auf die Pfanne setzen und den Käse in 1 bis 2 Minuten schmelzen lassen.

Kalbsvögerl mit Pilzen

SCHWABEN

Für 4 Personen

4 dünne Kalbsschnitzel, Salz, Pfeffer, 250 g Egerlinge, 2 Zwiebeln, 1 Knoblauchzehe, 50 g durchwachsener Räucherspeck, 20 g Butter, 1 Eigelb, 1 EL Paniermehl, 1 EL gehackte Kräuter, 2 EL Keimöl, 1 EL Tomatenmark, 1/4 l Fleischbrühe, 4 EL Sahne, 1 EL gehackte Petersilie

1. Kalbsschnitzel flach klopfen und mit Salz und Pfeffer würzen. Die Egerlinge putzen, falls nötig waschen und grob hacken. Zwiebeln und Knoblauchzehe schälen und wie den Räucherspeck in kleine Würfel schneiden. Butter in einer Pfanne aufschäumen lassen und die Speckwürfel darin glasig braten. Die Hälfte der Zwiebeln, den Knoblauch und die Pilze dazugeben und mit andünsten. So lange braten, bis die Flüssigkeit verdampft ist.
2. Abkühlen lassen, dann Eigelb, Paniermehl und Kräuter unterrühren. Mit Salz und Pfeffer würzen und die Masse auf die Fleischscheiben streichen. Aufrollen und die Enden mit kleinen Holzspießen feststecken.
3. Die Rouladen im erhitzten Öl rundherum anbraten. Restliche Zwiebelwürfel und das Tomatenmark dazugeben. Die Fleischbrühe und die Sahne angießen. Zugedeckt bei schwacher Hitze etwa 15 Minuten schmoren. Die Rouladen herausnehmen und die Sauce noch etwas einkochen lassen. Gehackte Petersilie unterrühren und die Rouladen damit überziehen.

Hackepetersauce

BERLIN/MARK BRANDENBURG

Für 4 Personen

1 Zwiebel, 1 Knoblauchzehe, 1 große Möhre, 1 kleine Petersilienwurzel, 2 EL Keimöl, 400 g Hackepeter, Salz, Pfeffer, 1 TL Mehl, ¼ l Fleischbrühe, ⅛ l Weißwein, 1 Lorbeerblatt, Schale von ¼ Zitrone (unbehandelt), 100 g Sahne, 2–3 EL kleine Kapern, ½ Bund glatte Petersilie

1. Zwiebel, Knoblauch, Möhre und Petersilienwurzel schälen und in kleine Würfel schneiden. Im heißen Öl andünsten.
2. Hackepeter dazugeben und mit anbraten. Mit Salz und Pfeffer würzen, mit Mehl bestäuben und die Brühe und den Wein angießen. Das Lorbeerblatt und die Zitronenschale dazugeben und die Sauce bei schwacher Hitze etwa 20 Minuten köcheln lassen.
3. Das Lorbeerblatt und die Zitronenschale herausnehmen, die Sahne unterrühren und die Sauce sämig einkochen lassen.
4. Zum Schluß die Kapern und die feingehackte Petersilie unterrühren und noch etwa 5 Minuten köcheln lassen. Die Hackepetersauce zu Kartoffelpüree servieren.

Hackbraten

SACHSEN

Für 4 Personen

Je 300 g Rinderhackfleisch und Schweinemett, 100 g durchwachsener Räucherspeck, 2 Brötchen, 2 Zwiebeln, 2 Möhren, 30 g Butter, 2 Eier, 1 Bund gehackte Petersilie, Salz, Pfeffer, 1 TL scharfer Senf, 30 g Schweineschmalz, 1 Bund Suppengrün, 300 ml Fleischbrühe, 125 g saure Sahne

1. Rinderhackfleisch und Schweinemett in eine Schüssel geben. Räucherspeck fein hacken und daruntermischen.
2. Die Brötchen in lauwarmem Wasser einweichen. Zwiebeln und Möhren schälen, in sehr kleine Würfel schneiden und in der erhitzten Butter andünsten. Den Backofen auf 200° C vorheizen.
3. Die Brötchen ausdrücken. Mit dem Gemüse, den Eiern und der Petersilie zum Fleisch geben. Gründlich miteinander vermischen und mit Salz, Pfeffer und Senf würzen.
4. Das Schmalz in einem Bräter erhitzen. Den Fleischteig zu einem länglichen Laib formen und in das heiße Fett setzen. Das Suppengrün waschen, kleinschneiden und dazugeben. Den Hackbraten etwa 50 Minuten braten, dabei immer wieder mit Brühe und Bratensaft begießen.
5. Den Hackbraten aus dem Bräter nehmen und den Bratenfond durch ein Sieb streichen. Die saure Sahne unterrühren. Hackbraten mit Möhrengemüse und Salzkartoffeln servieren.

Schweinehals auf Lauch

HESSEN

Für 4 Personen

800 g Schweinehals (ohne Knochen), Salz, Pfeffer,
3–4 Knoblauchzehen, 4 mittelgroße Lauchstangen,
2 EL Olivenöl extra virgen, 20 g Butter,
⅛ l trockener Weißwein, 2 EL gehackte Petersilie

1. Das Schweinefleisch waschen, trockentupfen und mit Salz und Pfeffer einreiben. Knoblauchzehen schälen und in schmale Stifte schneiden. Mit einem spitzen Messer kleine Öffnungen in das Fleisch stechen und die Knoblauchstifte hineindrücken.

2. Die Lauchstangen putzen, halbieren und gründlich waschen. Den Backofen auf 180° C vorheizen.

3. In einem großen Bräter Öl und Butter erhitzen und das Fleisch von allen Seiten bei starker Hitze anbraten. Aus dem Topf nehmen und die Lauchstangen im Bratfett rundherum anbraten. Das Fleisch auf das Gemüse legen, mit Wein begießen und zugedeckt im Backofen 1 Stunde und 20 Minuten schmoren.

4. Das Fleisch aus dem Topf nehmen und kurz ruhen lassen. Den Lauch auf einer vorgewärmten Platte anrichten. Die Schmorflüssigkeit etwas einkochen lassen.

5. Das Fleisch in Scheiben schneiden und auf dem Lauch anrichten. Mit Petersilie bestreuen und mit dem Bratensaft begießen.

Siedefleisch auf Gemüse

BADEN

Für 4 Personen

1 hohe Rippe à ca. 1 kg, je 2 Mark- und Fleischknochen, 1 große Zwiebel, Salz, 6 Pfefferkörner,
3–4 Lorbeerblätter, 2 Thymianzweige, 2 l Wasser,
1 Bund junge Möhren, 1 Bund Frühlingszwiebeln,
250 g Zuckerschoten, 200 g Butter, 2 Eigelb,
4 EL Brühe, Cayennepfeffer, etwas Zitronensaft,
2 EL Kerbelblätter

1. Fleisch und Knochen unter fließend kaltem Wasser waschen. Zwiebel halbieren, mit den Schnittflächen auf dem erhitzten Topfboden anrösten. Knochen, Salz, Pfefferkörner, Lorbeerblätter und Thymian dazugeben, mit kaltem Wasser begießen und aufkochen.

2. Das Fleisch in die kochende Brühe legen. Die Hitze reduzieren und das Fleisch etwa 1 Stunde gar ziehen lassen.

3. Möhren schälen und nur einen Teil des Grüns entfernen. Frühlingszwiebeln und Zuckerschoten putzen und waschen.

4. Das Fleisch aus der Brühe heben und mit Alufolie umwickeln. Das Gemüse in die Brühe geben und bißfest garen.

5. Für die Sauce Hollandaise die Butter zerlassen. Eigelb und Brühe über einem Wasserbad schaumig schlagen. Die geklärte Butter darunterschlagen. Würzig abschmecken und die Kerbelblättchen untermischen. Das Fleisch in Scheiben schneiden und mit Gemüse und Sauce Hollandaise servieren.

Bratwurst mit Lauch

PFALZ

Für 4 Personen

1 kg Lauch, 500 g Kartoffeln, 1 Zwiebel, 30 g Schweineschmalz, 1/4 l Fleischbrühe, 200 ml trockener Weißwein, Salz, Pfeffer, Muskatnuß (gerieben), 400 g rohe, geräucherte Bratwürste, 5 EL Sahne, 1 TL Weinessig

1. Die Lauchstangen putzen, in 3 cm breite Stücke schneiden und gründlich waschen. Die Kartoffeln schälen, waschen und wie die geschälte Zwiebel in Würfel schneiden.
2. Schweineschmalz in einem Schmortopf erhitzen und die Zwiebeln darin glasig braten. Den Lauch dazugeben und mit andünsten. Brühe und Weißwein angießen. Mit Salz, Pfeffer und Muskat würzen und zugedeckt 15 Minuten bei mittlerer Hitze köcheln lassen.
3. Die Kartoffelwürfel dazugeben und alles in 15 Minuten gar kochen.
4. Die Bratwürste in leicht siedendem Wasser erhitzen und gar ziehen lassen.
5. Die Sahne über das Gemüse gießen und einige Minuten köcheln lassen. Zum Schluß mit Essig abschmecken, die Würste darauf legen und einige Minuten mit dem Gemüse erhitzen.

Zwiebelcurrywurst

BERLIN/MARK BRANDENBURG

Für 4 Personen

1 EL Currypaste, 6 EL Keimöl, 1 EL Weißweinessig, 1/8 l Weißwein, 1/8 l Fleischbrühe, 4 Gemüsezwiebeln, Cayennepfeffer, 2 EL Kapern, 4 Bratwürste, 1 TL Currypulver

1. Die Currypaste in 1 EL erhitztem Öl anschwitzen. Mit Essig ablöschen und den Wein und die Fleischbrühe angießen. Aufkochen und um etwa die Hälfte einkochen lassen.
2. In der Zwischenzeit die Zwiebeln schälen, halbieren und in feine Streifen schneiden. 4 EL Öl in einer großen Pfanne erhitzen und die Zwiebeln darin goldgelb braten. Mit der Currybrühe aufgießen und etwa 5 Minuten köcheln lassen. Mit Cayennepfeffer würzen und die Kapern untermischen.
3. Die Bratwürste jeweils auf zwei Seiten schräg einschneiden oder in Stücke schneiden und im restlichen erhitzten Fett rundherum goldbraun und knusprig braten. Mit Currypulver bestäuben und mit den Zwiebeln vermischt anrichten.
Mit einer Schrippe oder mit Kartoffelpüree servieren.

Linsentopf mit Würstel

SCHWABEN

Für 4 Personen

500 g braune Tellerlinsen, 100 g durchwachsener Räucherspeck, 2 Zwiebeln, 2 Möhren, 100 g Knollensellerie, 1 kleine Petersilienwurzel, 1 kleine Lauchstange, 1 l Wasser, 1 Lorbeerblatt, 1 Thymianzweig, 4 geräucherte Kochmettwürste, ½ Bund Petersilie, Salz, Pfeffer, 2 EL Rotweinessig

1. Die Linsen in ein Sieb geben, waschen und gut abtropfen lassen.
2. Räucherspeck, geschälte Zwiebel, das geputzte und falls nötig geschälte und gewaschene Gemüse in kleine Würfel schneiden.
3. Die Speckwürfel in einer Pfanne glasig braten. Das vorbereitete Gemüse zufügen und im Speckfett andünsten. Die gut abgetropften Linsen dazugeben. Das Wasser angießen und die Kräuter hineingeben. Aufkochen und die mit einer Gabel mehrmals eingestochenen Mettwürstchen hineinlegen. Zugedeckt bei schwacher Hitze etwa 1 Stunde köcheln lassen.
4. Den Linsentopf mit Salz, Pfeffer und Essig würzig abschmecken. Die feingehackte Petersilie untermischen. Mit Spätzle und Senf servieren.

Wurstgulasch

HESSEN

Für 4 Personen

4 große Zwiebeln, 1 Knoblauchzehe, 400 g mehligkochende Kartoffeln, 4 Paar Debreziner Würstchen, 2 EL Keimöl, Salz, Pfeffer, 1 EL Paprika (edelsüß), Cayennepfeffer, gemahlener Kümmel, 2 EL Tomatenmark, ½ l Fleischbrühe, 4 EL saure Sahne, ½ Bund glatte Petersilie

1. Zwiebeln, Knoblauchzehe und Kartoffeln schälen und in kleine Würfel schneiden. Die Debreziner in Scheiben schneiden.
2. Öl in einem Schmortopf erhitzen und die Zwiebeln und Knoblauchwürfel darin glasig dünsten. Die Wurstscheiben dazugeben und mit anbraten. Die Kartoffelwürfel untermischen und alles kräftig anbraten. Mit Salz, Pfeffer, Paprika, Cayennepfeffer und Kümmel würzen und das Tomatenmark unterrühren.
3. Die Fleischbrühe angießen, aufkochen und 20 bis 25 Minuten köcheln lassen, bis die Kartoffeln weich sind. Wenn man einige der Kartoffelstücke fein zerdrückt, wird das Gulasch noch sämiger.
4. Die saure Sahne unterrühren. Kurz vor dem Servieren die frisch gehackte Petersilie untermischen.

Sauburger

PFALZ

Für 4 Personen

300 g mehligkochende Kartoffeln, 1 Eigelb, Salz, Pfeffer, Muskatnuß (gerieben), 1 TL gerebelter Majoran (getrocknet), 600 g Saumagen, Keimöl zum Braten, 4 EL Mayonnaise, 1 TL scharfer Senf, 2 EL Crème fraîche, 2 EL Sauerkraut, 2 EL Gemüsewürfel, 1 EL frisch gehackte Kräuter, 4 Roggenbrötchen, 4 dünne Scheiben Räucherspeck, 4 Salatblätter

1. Kartoffeln schälen, kochen und gut abdampfen lassen. Mit einer Gabel zerdrücken und das Eigelb unterrühren. Mit Salz, Pfeffer, Muskat und Majoran herzhaft würzen und den in kleine Würfel geschnittenen Saumagen untermischen. Vier Plätzchen in der Größe der Brötchen formen und im heißen Öl auf beiden Seiten knusprig braten.
2. Mayonnaise mit Senf, Crème fraîche, feingehacktem Sauerkraut, Gemüsewürfeln und Kräutern vermischen.
3. Die Roggenbrötchen halbieren und die Schnittflächen in wenig Öl knusprig braten. Die Speckscheiben ebenfalls knusprig braten. Jedes Brötchen mit einem gewaschenen und gut trockengetupften Salatblatt, etwas Sauerkrautmayonnaise, einem Kartoffel-Saumagen-Puffer und einer Speckscheibe füllen und die zweite Brötchenhälfte darauf setzen.

Sauerkrautrolle

SCHWABEN

Für 4 Personen

300 g Mehl, 3 Eier, evtl. 1–2 EL Wasser, Salz, 1 Zwiebel, 200 g durchwachsener Räucherspeck, 2 EL Keimöl, 500 g Sauerkraut, Pfeffer, 3 Wacholderbeeren, 1 EL Kümmel, 200 ml Weißwein, 200 g geriebener Bergkäse, 2 EL Schweineschmalz, 250 g Sahne

1. Aus Mehl, Eiern, Wasser und Salz einen Nudelteig herstellen und ruhen lassen.
2. Zwiebel schälen, wie den Speck in kleine Würfel schneiden und im erhitzten Öl glasig dünsten. Das kleingeschnittene Sauerkraut untermischen und mit Salz, Pfeffer, Wacholderbeeren und Kümmel würzen. Den Wein angießen und das Sauerkraut zugedeckt bei mittlerer Hitze 15 bis 20 Minuten schmoren. Abkühlen lassen.
3. Nudelteig zu einem Rechteck von 40 mal 60 cm ausrollen. Das abgekühlte Sauerkraut gleichmäßig darauf verteilen und die Hälfte des Käses darüberstreuen. Von der längeren Seite her aufrollen.
4. Den Backofen auf 200° C vorheizen. Das Schweineschmalz in einem Bräter erhitzen. Die Sauerkrautrolle in 4 cm breite Scheiben schneiden und mit den Schnittflächen nebeneinander in das heiße Fett setzen. Den restlichen Käse mit der Sahne verquirlen, darübergießen und die Scheiben auf der mittleren Schiene im Ofen in 40 Minuten goldbraun backen.

Leberwurststrudel

SAARLAND

Für 4 Personen

1 kleiner Wirsing, Salz, 1 Zwiebel, 30 g Butter, Pfeffer, etwas gerebelter Thymian und Majoran (getrocknet), 3–4 EL Sahne, 250 g Strudel- oder Filloteig, je 200 g Leber- und Blutwurst, 30 g Schweineschmalz

1. Wirsing halbieren, den Strunk entfernen und die Hälften in Streifen schneiden. In Salzwasser kurz blanchieren und in eiskaltem Wasser abschrecken. Zwiebel schälen, in Würfel schneiden und in Butter andünsten. Den Wirsing dazugeben und mit andünsten. Mit Thymian und Majoran würzen und die Sahne angießen. Bei mittlerer Hitze so lange köcheln lassen, bis das Gemüse weich und die Flüssigkeit verdampft ist. Abkühlen lassen.
2. Backofen auf 200° C vorheizen. Den Strudel- oder Filloteig in vier Rechtecke schneiden, jeweils mit der Wirsingmasse bestreichen und abwechselnd mit der in Scheiben geschnittenen Leber- und Blutwurst belegen. Erneut mit Wirsingmasse bedecken und die Portionsstrudel aufrollen. Die Enden gut festdrücken.
3. Im heißen Schmalz auf beiden Seiten anbraten und im Backofen in etwa 10 bis 12 Minuten fertigbacken.
Dazu paßt Apfelmeerrettich oder eine Senfsauce.

Wirsingstrudel

BAYERN

Für 4 Personen

1 Wirsing à ca. 1 kg, 2 mittelgroße Äpfel, 50 g Sonnenblumenkerne, 6 EL Keimöl, 1 TL Currypulver, Salz, Pfeffer, 125 g Crème fraîche, 1 TL Dijonsenf, 1 Packung Strudel- oder Filloteig, 2 EL Paniermehl, 20 g Butter für das Blech, 1 Eigelb

1. Wirsing vierteln, den Strunk entfernen und die Viertel in Streifen schneiden. Die Äpfel schälen, vierteln, entkernen und in Scheiben schneiden. Die Sonnenblumenkerne in einer Pfanne ohne Fett rösten.
2. Die Gemüsestreifen in 4 EL erhitztem Öl anbraten, keinesfalls bräunen lassen. Die Äpfel dazugeben und mit anbraten. Mit Curry, Salz und Pfeffer würzig abschmekken. Von der Kochstelle nehmen und Crème fraîche, Senf und 40 g Sonnenblumenkerne untermischen. Den Backofen auf 200° C vorheizen.
3. Den Strudel- oder Filloteig auf einem bemehlten Küchentuch ausbreiten. Mit dem restlichen Öl bestreichen und mit Paniermehl bestreuen. Die Wirsingmasse darauf verteilen. Von der Längsseite her mit Hilfe des Tuches aufrollen und die Enden festdrücken. Auf ein gefettetes Backblech geben, mit verquirltem Eigelb bestreichen und mit den restlichen Sonnenblumenkernen bestreuen. Wirsingstrudel auf der mittleren Schiene im Backofen in 40 bis 45 Minuten goldbraun backen.

Hoppel-Poppel

BERLIN/MARK BRANDENBURG

Für 4 Personen

600 g gekochte Kartoffeln (vom Vortag), 1 Bund Frühlingszwiebeln, 2 Essiggurken, 200 g Bratenreste vom Vortag, 50 g Schweineschmalz, Salz, Pfeffer, ½ TL gerebelter Majoran (getrocknet), 6 Eier, 4 EL Sahne

1. Die Kartoffeln schälen und in dünne Scheiben schneiden. Die Frühlingszwiebeln putzen, waschen und mit einem Teil des Grüns in Scheiben schneiden. Die Essiggurken und die Bratenreste in kleine Würfel schneiden.
2. Das Schmalz in einer Gußeisenpfanne erhitzen und die Kartoffeln und die Zwiebeln darin unter Wenden goldgelb braten.
3. Das Fleisch und die Gurken hinzufügen und mit Salz, Pfeffer und Majoran herzhaft würzen. Die Eier mit der Sahne verquirlen, mit Salz und Pfeffer würzen und über die Kartoffelpfanne gießen. Zugedeckt bei mittlerer Hitze stocken lassen.

MANFRED SCHWARZ

Hoppel-Poppel ist ein typisches Resteessen. Man kann auch gegartes Gemüse vom Vortag, Würstchen oder Reste von gegartem Fisch unter die Kartoffeln mischen.

Schusterpfanne

THÜRINGEN

Für 4 Personen

600 g gekochte Kartoffeln (vom Vortag), 3 vollreife, feste Birnen (z. B. Williams Christ), 2 Zwiebeln, 200 g Bratenreste (Kalb- oder Schweinefleisch), 40 g Butterschmalz, Salz, grober, schwarzer Pfeffer, 4–5 EL kräftige Fleischbrühe, 200 g Camembert mit Blauschimmelkäse, ½ Bund Schnittlauch

1. Kartoffeln schälen und in Scheiben schneiden. Die Birnen schälen, halbieren, entkernen und der Länge nach in Spalten schneiden. Die geschälten Zwiebeln halbieren und quer in feine Scheiben schneiden. Die Bratenreste in Streifen oder Würfel schneiden.
2. Butterschmalz in einer Eisenpfanne erhitzen und die Kartoffeln und Zwiebeln darin bei starker Hitze anbraten. Die Birnen dazugeben und unter Schwenken der Pfanne goldbraun braten.
3. Mit Salz und Pfeffer würzen und die Fleischstreifen sowie die Fleischbrühe untermischen. Kurz erhitzen und mit dem in Scheiben geschnittenen Käse belegen.
4. Die Pfanne mit einem Deckel verschließen und den Käse in wenigen Minuten schmelzen lassen. Schnittlauch in etwa 1 cm breite Röllchen schneiden und die Schusterpfanne damit bestreuen.

Pilz-Wurst-Pfanne

THÜRINGEN

Für 4 Personen

400 g gekochte Kartoffeln, 300 g gemischte Waldpilze, 1 große Zwiebel, 1 Knoblauchzehe, 300 g Thüringer Rostbratwürstchen, 2 EL Öl, 20 g Butter, 30 g Butterschmalz, Salz, Pfeffer, ½ TL gerebelter Majoran (getrocknet), 1 Bund Petersilie

1. Die Kartoffeln schälen. Die Waldpilze sorgfältig putzen und nur falls nötig waschen. Die Zwiebel und die Knoblauchzehe schälen. Kartoffeln und Pilze in Scheiben, Zwiebel und Knoblauchzehe in kleine Würfel und die Würste in etwa 2 cm lange Stücke schneiden.
2. Öl und Butter in einer Pfanne erhitzen und Zwiebel- und Knoblauchwürfel darin glasig dünsten. Dann die Pilze dazugeben und einige Minuten unter Schwenken der Pfanne braten.
3. In einer zweiten Pfanne die Hälfte des Butterschmalzes erhitzen und die Würstchen darin goldbraun anbraten. Herausnehmen und unter die Pilze mischen. Dann das restliche Butterschmalz in die Pfanne geben und die Kartoffelscheiben darin goldbraun und knusprig braten.
4. Kartoffeln unter die Pilz-Würstchen-Pfanne mischen, mit Salz, Pfeffer und Majoran herzhaft würzen und mit frisch gehackter Petersilie bestreut servieren.

Knödel-Pilz-Pfanne

SACHSEN

Für 4 Personen

500 g gemischte Waldpilze (z. B. Maronen, Pfifferlinge, Steinpilze) 1 Bund Frühlingszwiebeln, 200 g durchwachsener Räucherspeck, 4 Semmelknödel (vom Vortag), 50 g Butterschmalz, 80 g geriebener Hartkäse, 2 EL Kerbelblätter

1. Pilze putzen, falls nötig waschen und je nach Größe halbieren oder vierteln. Von den Frühlingszwiebeln die Wurzeln und ein Drittel des Grüns entfernen. Die Zwiebeln mit dem restlichen Grün vierteln. Den Räucherspeck in kleine, die Knödel in größere Würfel schneiden.
2. Die Hälfte des Butterschmalzes erhitzen und die Speckwürfel darin glasig braten. Die Zwiebeln und die Pilze dazugeben und bei starker Hitze anbraten. In einer zweiten Pfanne die Knödelwürfel im restlichen Butterschmalz goldbraun braten.
3. Knödelwürfel unter die Pilze mischen, den Käse darüberstreuen und zugedeckt bei schwacher Hitze in wenigen Minuten schmelzen. Mit Kerbel bestreut servieren.

MANFRED SCHWARZ

Man kann den Käse auch getrennt zur Knödel-Pilz-Pfanne reichen, und jeder nimmt nach eigenem Geschmack.

Kürbiseintopf

MECKLENBURG-VORPOMMERN

Für 4 Personen

500 g Schweinehals, 200 g geräucherter Schweinebauch, 40 g Schweineschmalz, 1 Lorbeerblatt, 1 Knoblauchzehe, 1 EL Tomatenmark, 1/4 l Weißwein (trocken), 1/2 l Fleischbrühe, 3 Möhren, 250 g mehligkochende Kartoffeln, 1 Gemüsezwiebel, 500 g Kürbisfleisch, 250 g grüne Bohnen, Salz, Pfeffer, 2 EL gehackte Petersilie

1. Den Schweinehals in 2 cm große, den Schweinebauch in 1 cm große Würfel schneiden.
2. In einem Schmortopf 20 g Schmalz erhitzen und die Fleischwürfel darin anbraten. Lorbeerblatt, durchgepreßte Knoblauchzehe und Tomatenmark dazugeben und alles kurz anschmoren. Mit Wein ablöschen und einmal aufkochen lassen. Die Fleischbrühe angießen und zugedeckt 30 Minuten bei schwacher Hitze köcheln lassen.
3. Möhren, Kartoffeln und Zwiebel schälen und wie das Kürbisfleisch in große Würfel schneiden. Die Bohnen putzen und in Stücke brechen.
4. Das restliche Schmalz erhitzen und das Gemüse darin andünsten. Unter das vorgegarte Fleisch mischen und den Kürbiseintopf in 15 bis 20 Minuten zugedeckt bei schwacher Hitze fertiggaren. Mit Salz und Pfeffer abschmecken und mit der gehackten Petersilie bestreut servieren.

Gaisburger Marsch

SCHWABEN

Für 4 Personen

1 Bund Suppengrün, 2 Möhren, 500 g vorwiegend festkochende Kartoffeln, 30 g Butter, Salz, Pfeffer, Muskatnuß (gerieben), 3/4 l kräftige Fleischbrühe, 400 g gekochtes Rindfleisch, 200 g Spätzle (siehe Rezept S. 148), 2 EL frisch gehackte Petersilie

1. Suppengrün putzen, waschen und in kleine Würfel schneiden. Möhren und Kartoffeln schälen und in Scheiben schneiden.
2. Butter aufschäumen lassen und das Suppengrün darin anbraten. Möhren- und Kartoffelscheiben dazugeben und wenige Minuten mit andünsten. Mit Salz, Pfeffer und Muskat würzen und die Fleischbrühe angießen. Zugedeckt etwa 20 Minuten bei schwacher Hitze köcheln lassen.
3. Das Rindfleisch in Scheiben oder Würfel schneiden und unter den Gemüse-Kartoffel-Eintopf mischen. Alles noch weitere 10 Minuten köcheln lassen. Kurz vor dem Servieren die fertigen Spätzle untermischen, kurz erhitzen und das Gericht mit Petersilie bestreuen.

Pichelsteiner

BAYERN

Für 4 Personen

Je 300 g Schweinehals, Rinderbrust und Lammschulter, Salz, Pfeffer, 2 Zwiebeln, 500 g Kartoffeln, ½ Knollensellerie, 4 große Möhren, 2 Lauchstangen, ½ Wirsing, 2 Rindermarkknochen, 30 g Schweineschmalz, ¾ l Fleischbrühe, je 1 TL Kümmel und gerebelter Majoran (getrocknet), ½ Bund glatte Petersilie

1. Das Fleisch waschen, trockentupfen und in 3 cm große Würfel schneiden. Mit Salz und Pfeffer würzen. Zwiebeln, Kartoffeln, Sellerie und Möhren schälen, Lauchstangen putzen und den Wirsingstrunk entfernen. Zwiebeln, Kartoffeln, Sellerie und Wirsing in Würfel, Möhren und Lauch in Scheiben schneiden. Das Mark aus den Knochen lösen und ebenfalls in Scheiben schneiden. Den Backofen auf 160° C vorheizen.

2. Die Fleischwürfel portionsweise im heißen Schmalz bei starker Hitze anbraten, dann wieder herausnehmen und die Hälfte der Markscheiben auf den Topfboden legen. Abwechselnd Gemüse, Kartoffeln und Fleisch in den Topf schichten. Die Fleischbrühe mit Pfeffer, Kümmel und Majoran herzhaft würzen und darübergießen. Restliche Markscheiben darauf legen und den Topf verschließen.

3. Auf der mittleren Schiene im Backofen 1 ½ bis 2 Stunden garen. Mit gehackter Petersilie bestreut servieren.

Weißkohlpfanne

WESTFALEN

Für 4 Personen

1 kleiner Weißkohl à ca. 800 g, 600 g festkochende Kartoffeln, 40 g Butter, Salz, Pfeffer, ½ TL gerebelter Thymian (getrocknet), 1 TL Weißweinessig, ⅛ l kräftige Fleischbrühe, 3 EL Keimöl, ½ TL gerebelter Majoran (getrocknet), 2 Tomaten, 2 EL gehackte Petersilie

1. Den Weißkohl halbieren, den Strunk entfernen und die Blätter ablösen. Kohlblätter waschen, trockentupfen und in Rauten schneiden. Die Kartoffeln waschen, schälen und in dünne Scheiben schneiden.

2. Butter in einem Topf zerlassen und den Kohl darin andünsten. Mit Salz, Pfeffer und Thymian würzen und mit Essig ablöschen. Einkochen lassen, dann mit Brühe aufgießen und den Weißkohl bei schwacher Hitze zugedeckt garen.

3. Die gut abgetupften Kartoffelscheiben im erhitzten Öl bei starker Hitze anbraten und unter Schwenken der Pfanne fertigbraten. Mit Salz und Majoran würzen.

4. Tomaten kurz blanchieren, häuten, halbieren, entkernen und in kleine Würfel schneiden.

5. Kohlgemüse, Kartoffeln und Tomatenwürfel miteinander vermischen, kurz unter Schwenken der Pfanne erhitzen und mit Petersilie bestreuen.

Dazu passen Hacksteaks (siehe Rezept Seite 60).

Dickmusik

HAMBURG/SCHLESWIG-HOLSTEIN

Für 4 Personen

1 große Zwiebel, 200 g Fleischknochen, 500 g Ochsenbrust oder Beinscheibe, 2 ½ l Wasser, je 1 Rosmarin- und Thymianzweig, 1 Lorbeerblatt, Salz, 8 Pfefferkörner, 700 g Ochsenfleisch aus der Hüfte (Blume), 1 Bund junge Möhren, 3 kleine Lauchstangen, 6 Selleriestangen, 2 Markknochen, 4 Scheiben Weißbrot

1. Einen großen Kochtopf stark erhitzen und die halbierte Zwiebel an den Schnittflächen anrösten.
2. Fleischknochen und Ochsenbrust oder Beinscheibe unter kaltem Wasser waschen und mit Kräutern, Salz und Pfefferkörnern in den Topf geben. Das Wasser angießen, langsam erhitzen und den Schaum abschöpfen.
3. Sobald die Brühe kocht, restliches Fleisch hineinlegen und die Hitze reduzieren. Mindestens 2 ½ Stunden bei schwacher Hitze gar ziehen lassen.
4. Gemüse putzen, waschen und kleinschneiden. Mit den Markknochen 30 Minuten vor Garzeitende in die Brühe geben.
5. Fleisch in Würfel schneiden. Mit dem Gemüse auf einer tiefen Platte anrichten und mit etwas Brühe begießen.
6. Die Brühe durch ein Sieb gießen und als ersten Gang servieren. Brotscheiben rösten, mit dem Mark der Markknochen bestreichen und dazu reichen. Dann das Fleisch mit dem Gemüse servieren.

Apfelkraut mit Kasseler

HESSEN

Für 4 Personen

600 g Sauerkraut, 50 g Butterschmalz, 1 kleine Zwiebel, 1 Lorbeerbatt, 5 Wacholderbeeren, 1 Stück Räucherspeckschwarte, ⅛ l Apfelsaft, 100 ml Apfelwein, 4 EL Sahne, 4 kleine, aromatische Äpfel, 1 TL Zucker, 2 EL Keimöl, 20 g Butter, 4 Kasseler Rippchen

1. Das Sauerkraut kleinschneiden und in 20 g erhitztem Butterschmalz andünsten. Die geschälte, halbierte Zwiebel, das Lorbeerblatt, die zerdrückten Wacholderbeeren und die Speckschwarte dazugeben.
2. Apfelsaft, Apfelwein und Sahne angießen und zugedeckt bei schwacher Hitze etwa 20 Minuten köcheln lassen.
3. Die Äpfel schälen, halbieren und entkernen. Die Hälften in Spalten schneiden und im restlichen Butterschmalz anbraten. Mit Zucker bestreuen und unter Schwenken der Pfanne goldgelb braten.
4. Öl und Butter in einer Pfanne erhitzen und die Rippchen darin anbraten.
5. Die Apfelspalten unter das Sauerkraut mischen und mit den Kasseler Rippchen servieren.

Bremer Plockfinken

BREMEN/NIEDERSACHSEN

Für 4 Personen

200 g weiße Bohnenkerne, 300 g grüne Bohnen, Salz, 300 g vorwiegend festkochende Kartoffeln, 2 große Möhren, 500 g roh geräucherter Kasseler Rippenspeer (ohne Knochen), 1 große Zwiebel, 1 Knoblauchzehe, 2 EL Öl, 20 g Butter, ¾ l Fleischbrühe, 2–3 Bohnenkrautzweige, ½ Bund Petersilie

1. Die Bohnenkerne über Nacht in reichlich kaltem Wasser einweichen.
2. Die grünen Bohnen putzen, waschen, in Stücke schneiden und in kochendem Salzwasser kurz blanchieren. Eiskalt abschrecken. Kartoffeln und Möhren schälen und wie das Kasseler in große Würfel schneiden. Die Zwiebel und die Knoblauchzehe schälen und in kleine Würfel schneiden.
3. Öl und Butter in einem Kochtopf erhitzen und die Zwiebel- und die Knoblauchwürfel darin glasig dünsten. Die weißen Bohnen dazugeben und kurz mit dünsten. Mit Fleischbrühe begießen. Die Bohnenzweige dazugeben und alles zugedeckt etwa 30 Minuten kochen lassen.
4. Kartoffeln, Möhren, grüne Bohnen und Fleischwürfel dazugeben und zugedeckt bei schwacher Hitze in 30 bis 40 Minuten gar ziehen lassen. Zum Schluß die frisch gehackte Petersilie untermischen.

Schwammerltopf

BAYERN

Für 4 Personen

1½ Zwiebeln, 500 g gemischte Wald- oder Zuchtpilze, 60 g Butter, Salz, Pfeffer, 1 EL doppelgriffiges Mehl (Wiener Grießler), 300 ml Fleischbrühe, 250 g Sahne, 1 Bund glatte Petersilie, 6 feingeschnittene Brötchen (vom Vortag), ¼ l heiße Milch, 2 EL Zwiebelwürfel, 100 g Räucherspeck, 2 Eier

1. Zwiebeln schälen und in kleine Würfel schneiden. Die Pilze putzen und in dünne Scheiben schneiden.
2. Zwei Drittel der Zwiebelwürfel in 40 g Butter glasig dünsten, die Pilze dazugeben und mit anbraten. Mit Salz und Pfeffer würzen, mit Mehl bestäuben und Brühe und Sahne angießen. Etwa 15 Minuten köcheln lassen. Zum Schluß die Hälfte der gehackten Petersilie untermischen.
3. Die Brötchen mit Milch übergießen und kurz ziehen lassen. Restliche Zwiebelwürfel in der restlichen Butter glasig dünsten. Die Hälfte des Räucherspecks in kleine Würfel, den Rest in feine Streifen schneiden. Speck-, Zwiebelwürfel und Eier unter die Brötchen mischen und mit Salz und Pfeffer würzen.
4. Aus der Masse vier große Knödel formen und im leicht siedenden Salzwasser etwa 20 Minuten garen. Die Speckstreifen knusprig braten.
5. Die Schwammerlsauce mit den Knödeln auf tiefen Tellern anrichten und mit der restlichen Petersilie bestreuen.

Himmel und Erde

RHEINLAND

Für 4 Personen

800 g mehligkochende Kartoffeln, Salz, 2 aromatische Äpfel (z. B. Boskop), 80 g Butter, ½ TL Zucker, etwas gerebelter Majoran (getrocknet), 2 Zwiebeln, 4 EL Keimöl, 200 ml heiße Milch, Muskatnuß (gerieben), 4 Blutwürste

1. Kartoffeln waschen, schälen und in Viertel schneiden. Mit Salzwasser bedeckt gar kochen. Äpfel schälen, vierteln, entkernen und in Würfel schneiden.
2. In einer Pfanne 30 g Butter aufschäumen lassen. Die Apfelwürfel dazugeben, mit Zucker und Majoran bestreuen und unter Rühren goldgelb braten.
3. Die Zwiebeln schälen, in feine Ringe schneiden und in 2 EL erhitztem Öl goldbraun braten.
4. Das Kartoffelkochwasser abgießen, die Kartoffeln abdampfen lassen und durch eine Kartoffelpresse drücken.
5. Die Milch unter die Kartoffeln rühren. Die restliche Butter in kleinen Stückchen hinzufügen und mit dem Schneebesen so lange kräftig durchschlagen, bis das Püree locker und schaumig ist. Mit Salz und Muskat würzig abschmecken. Die Apfelstückchen untermischen.
6. Die Blutwürste in Scheiben schneiden. Das restliche Öl in einer Pfanne erhitzen und die Blutwurstscheiben darin auf beiden Seiten kurz anbraten. Mit Zwiebelringen bestreuen und mit Apfel-Kartoffel-Püree anrichten.

Kartoffelgulasch

PFALZ

Für 4 Personen

800 g vorwiegend festkochende Kartoffeln, 4 Zwiebeln, 1 Knoblauchzehe, je 1 rote, gelbe und grüne Paprikaschote, 100 g durchwachsener Räucherspeck, 40 g Schweineschmalz, Salz, Pfeffer, ½ TL Paprikapulver (scharf), 1 TL Kümmel, 2 Majoranzweige, ½ l Fleischbrühe, 125 g saure Sahne, ½ Bund Petersilie

1. Die Kartoffeln waschen und schälen. Zwiebeln und Knoblauchzehe schälen. Die Paprikaschoten halbieren und die Stielansätze und Trennwände entfernen. Kartoffeln, Paprika und Zwiebeln in etwa 1 ½ cm große Würfel schneiden. Den Räucherspeck und die Knoblauchzehe in kleine Würfel schneiden.
2. Das Schweineschmalz in einem Schmortopf erhitzen und die Speckwürfel darin glasig dünsten. Die Zwiebel- und Knoblauchwürfel mit andünsten. Gemüse und Kartoffeln dazugeben, mit Salz, Pfeffer, Paprika und Kümmel würzen. Feingehackten Majoran hinzufügen und alles kurz anbraten. Die Fleischbrühe angießen und zugedeckt bei schwacher Hitze etwa 30 Minuten köcheln lassen, dabei gelegentlich umrühren.
3. Die saure Sahne unterrühren und kurz erwärmen. Das Gulasch noch einmal herzhaft abschmecken und mit frisch gehackter Petersilie bestreuen.

Weinkartoffeln

SAARLAND

Für 4 Personen

800 g festkochende Kartoffeln, 600 g weiße Zwiebeln, 1 Bund gemischte Kräuter, 2 Knoblauchzehen, 40 g Butter, Salz, Pfeffer, 3/4 l trockener Weißwein (z. B. Saarländischer Riesling), 1/2 Bund glatte Petersilie

1. Den Backofen auf 180° C vorheizen. Kartoffeln und Zwiebeln schälen und beides in nicht zu dünne Scheiben schneiden. Die Kräuter waschen, gut trockenschütteln und grob hacken. Die geschälten Knoblauchzehen fein hacken.
2. Eine Auflaufform mit 20 g Butter fetten und Kartoffeln, Zwiebeln und Kräuter hineinschichten. Jede Lage mit Salz und Pfeffer würzen und zum Schluß mit Wein begießen.
3. Die restliche Butter in Flöckchen darüberstreuen und die Weinkartoffeln zugedeckt im heißen Backofen etwa 1 Stunde garen. Mit frisch gehackter Petersilie bestreut servieren.

MANFRED SCHWARZ

Mit Salat sind die Weinkartoffeln eine fleischlose Hauptmahlzeit. Wer möchte, kann die saftigen Kartoffeln auch als Beilage zu Fleischplätzchen oder gekochtem Fleisch reichen.

Reiberdatschi

BAYERN

Für 4 Personen

1 kg mehligkochende Spätkartoffeln, 3 Eier, 60 g Mehl, Salz, Muskat, ca. 1/8 l Keimöl, 4 EL Preiselbeeren, 500 g Apfelmus

1. Die Kartoffeln waschen, schälen und auf einem nicht zu feinen Reibeisen raspeln. In ein Sieb geben und kurz abtropfen lassen. Die Flüssigkeit auffangen und einige Minuten stehenlassen, bis sich die Stärke abgesetzt hat. Die Stärke unter die geriebenen Kartoffeln mischen. Eier und Mehl unterrühren und mit Salz und Muskat würzen.
2. Etwas Öl in einer Pfanne erhitzen und mit einem Eßlöffel kleine Häufchen der Kartoffelmischung in das heiße Fett setzen. Mit dem Löffelrücken flach drücken und auf auf beiden Seiten goldbraun und knusprig braten. Bei Bedarf weiteres Öl zugeben.
3. Frisch aus der Pfanne, mit Preiselbeeren und Apfelmus serviert, schmecken die Reiberdatschi am besten.

Gefüllter Pfannkuchen

PFALZ

Für 4 Personen

650 ml Milch, 100 ml Mineralwasser (mit Kohlensäure), 5 Eier, 270 g Mehl, 2 EL flüssige Butter, 1 Prise Salz, 1 kleiner Blumenkohl, Salz, 70 g Butter, 1/4 l Milch, 50 g geriebener Butterkäse, Muskatnuß (gerieben), 2 EL Sahne, 1 Eigelb, Keimöl zum Braten

1. In einem Rührbecher 400 ml Milch, Mineralwasser, Eier, 250 g Mehl, Butter und Salz mit dem Stabmixer zu einem glatten Teig verquirlen. 30 Minuten quellen lassen.
2. Blumenkohl putzen, waschen und in kleine Röschen teilen. In kochendem Salzwasser bißfest garen.
3. In einem Topf 30 g Butter zerlassen, das restliche Mehl hinzufügen und anschwitzen. Die restliche Milch angießen und unter Rühren einige Minuten köcheln lassen. Den Käse unterrühren, mit Salz und Muskat würzen und von der Kochstelle nehmen. Die Blumenkohlröschen und das mit Sahne verquirlte Eigelb untermischen. Backofen auf 200° C vorheizen.
4. Etwas Öl in einer Pfanne erhitzen und aus dem vorbereiteten Teig acht Pfannkuchen backen.
5. Die Pfannkuchen mit dem Blumenkohlragout füllen, aufrollen und nebeneinander in eine gefettete, feuerfeste Form legen. Mit Butterflöckchen bestreuen und im Backofen wenige Minuten überbacken.

Blumenkohlgratin

BREMEN/NIEDERSACHSEN

Für 4 Personen

700 g Blumenkohl, 300 g Brokkoli, Salz, 200 g gekochter Schinken, 40 g Butter, 40 g Mehl, 1/4 l Gemüsekochwasser, 1/4 l Milch, weißer Pfeffer, Muskatnuß (gerieben), 4 Eigelb, 100 g geriebener Hartkäse (z. B. Emmentaler), 4 Eiweiß, Butter für die Form

1. Blumenkohl und Brokkoli putzen und in Röschen teilen, die Stiele in Würfel schneiden. Das vorbereitete Gemüse in kochendem Salzwasser bißfest garen und auf einem Sieb abtropfen lassen. Den Schinken in kleine Würfel schneiden. Backofen auf 200° C vorheizen.
2. Für die Béchamelsauce die Butter zerlassen, das Mehl unterrühren und anschwitzen. Das Gemüsekochwasser und die Milch angießen und unter Rühren einige Minuten kochen lassen.
3. Von der Kochstelle nehmen und Eigelb und 75 g Käse unterrühren. Mit Salz, Pfeffer und Muskat abschmecken und abwechselnd Blumenkohl, Brokkoli und Schinkenwürfel in eine gefettete Auflaufform füllen.
4. Eiweiß steif schlagen und unter die Béchamelsauce ziehen. Die Käsesauce über den Auflauf verteilen, mit dem restlichen Käse bestreuen und im Backofen auf der mittleren Schiene in etwa 30 Minuten goldbraun backen.

Schwarzwurzelauflauf

BREMEN/NIEDERSACHSEN

Für 4 Personen

*1 kg Schwarzwurzeln, Salz, 2 EL Essig, 1 EL Mehl,
1 kg Mangold, 250 g Sahne, 2 Eigelb, 2 Eier,
100 g geriebener Hartkäse, Pfeffer, Muskat,
2 EL gehackte Pistazien, 20 g Butter*

1. Schwarzwurzeln unter fließendem Wasser schrubben und mit einem Sparschäler vom dicken zum dünnen Ende hin schälen. In Stücke schneiden und sofort in mit je 1 EL Essig und Mehl vermischtes Wasser geben, damit sich die Wurzeln nicht verfärben. In Salzwasser mit dem restlichen Essig etwa 20 Minuten gar kochen.
2. Den Mangold gründlich verlesen, waschen und in kochendem Salzwasser 1 Minute blanchieren. In einem Sieb gut abtropfen lassen. Den Backofen auf 200° C vorheizen.
3. Sahne, Eigelb, Eier und Käse verquirlen, salzen und mit Pfeffer und Muskat würzen.
4. Abwechselnd die abgetropften Schwarzwurzeln und den Mangold in eine große, gefettete Auflaufform füllen. Die Sahnemilch gleichmäßig darübergießen, mit Pistazien und Butterflöckchen bestreuen. Im Backofen auf der mittleren Schiene in etwa 30 Minuten goldbraun backen.

Grüne Knepp

SAARLAND

Für 4 Personen

*200 g Tiefkühl-Blattspinat, 5 Eier, 2 Eigelb,
500 g Mehl, Salz, Muskatnuß (gerieben),
70 g Butter, 3–4 EL frisch geriebenes Weißbrot*

1. Die aufgetauten Spinatblätter im Küchenmixer mit Eiern und Eigelb fein pürieren.
2. Mehl mit Salz und Muskat in eine Schüssel geben und die Spinatmischung mit Hilfe eines Kochlöffels unterrühren. Mit dem Kochlöffel weiterschlagen und so viel Wasser hinzufügen, bis ein elastischer Teig entsteht.
3. Reichlich Salzwasser in einem großen Topf erhitzen und den Teig portionsweise entweder mit einem Messer vom Brett schaben oder mit Hilfe eines Spätzlehobels ins kochende Wasser hobeln. Sobald die Spätzle oben schwimmen, mit einem Schaumlöffel herausheben, gut abtropfen lassen und sofort in 30 g zerlassener Butter schwenken.
4. Die restliche Butter in einer Pfanne aufschäumen lassen, das geriebene Weißbrot dazugeben und unter Rühren goldbraun rösten. Gleichmäßig über den Spinatspätzle verteilen.

Kirschenplotzer

BADEN

Für 4 Personen

500 g dunkle Herzkirschen, 2 cl Kirschwasser, 3 Eigelb, 50 g Zucker, 1 EL Vanillezucker, 25 g Mehl, 25 g Speisestärke (z. B. Mondamin), 1/8 l Milch, 2 EL Crème fraîche, 3 Eiweiß, Butter für die Form, 2 EL Mandelstifte, etwas Puderzucker

1. Die Kirschen entsteinen, mit Kirschwasser beträufeln und zugedeckt mindestens 15 Minuten marinieren. Den Backofen auf 200° C vorheizen.
2. Eigelb, Zucker und Vanillezucker mit den Schneebesen eines Handrührgerätes schaumig schlagen und abwechselnd Mehl, Speisestärke, Milch und Crème fraîche unter die Schaummasse rühren.
3. Eiweiß steif schlagen und die Hälfte davon unterrühren, den Rest vorsichtig mit dem Schneebesen unterziehen.
4. Eine halbhohe, ovale Auflaufform mit Butter fetten und den Teig einfüllen. Die Kirschen darauf verteilen, mit Mandelstiften bestreuen und auf der mittleren Schiene im Backofen in etwa 40 Minuten goldbraun backen. Sofort mit Puderzucker bestäubt servieren.

Apfelpfannkuchen

HAMBURG/SCHLESWIG-HOLSTEIN

Für 4 Personen

120 g Mehl, 1 Prise Salz, 200 ml Milch, 4 Eier, 5 EL Zucker, 6 kleine, aromatische Äpfel (z. B. Cox Orange), 80 g Butter, 1 Msp gemahlener Zimt

1. Mehl und Salz in eine Schüssel geben und unter Rühren Milch, Eier und 2 EL Zucker dazugeben. So lange rühren, bis ein glatter Teig entstanden ist. 30 Minuten ruhen lassen, damit das Mehl ausquellen kann.
2. Die Äpfel schälen, halbieren und entkernen. Die Hälften in dünne Spalten schneiden.
3. In zwei Pfannen je 20 g Butter erhitzen und jeweils die Apfelspalten darin bei mittlerer Hitze anbraten. 2 EL Zucker und den Zimt vermischen und mit einem Viertel davon die Äpfel bestreuen. Leicht karamelisieren lassen, dann die Hälfte des Teiges auf die beiden Pfannen verteilen und goldbraun backen.
4. Jeden Pfannkuchen mit Hilfe eines Tellers oder Deckels wenden und auch die zweite Seite goldbraun backen. Die fertigen Pfannkuchen entweder sofort mit Zucker und Zimt bestreuen und servieren oder im Backofen warm halten, bis die restlichen Pfannkuchen gebacken sind.

Reisauflauf mit Kirschen

HESSEN

Für 4 Personen

½ l Milch, Salz, 1 Stückchen Zitronenschale (unbehandelt), 1 EL Vanillezucker, 200 g Rundkornreis, 400 g süße Kirschen, 2 cl Kirschwasser, 80 g Butter, 160 g Zucker, 5 Eigelb, 5 Eiweiß, Butter und Paniermehl für die Form, 50 g geschälte, gehackte Mandeln

1. Milch mit Salz, Zitronenschale und Vanillezucker aufkochen. Den Reis dazugeben und in 40 Minuten ausquellen lassen. Milchreis abkühlen lassen.
2. Kirschen entsteinen und mit Kirschwasser marinieren. Den Backofen auf 180° C vorheizen.
3. Butter und 80 g Zucker cremig rühren. Nach und nach Eigelb dazugeben und schaumig schlagen. Löffelweise den gequollenen Milchreis unterrühren.
4. Eiweiß steif schlagen, dabei nach und nach den restlichen Zucker einrieseln lassen. Zwei Drittel des Eischnees mit der Reismasse vermischen.
5. Die Hälfte der Reismasse in eine gut gefettete und mit Paniermehl ausgestreute Auflaufform füllen. Mit den marinierten Kirschen belegen und mit der restlichen Reiscreme bedecken. Im Backofen auf der mittleren Schiene in 25 bis 30 Minuten goldbraun backen.
6. Die Mandeln unter den restlichen Eischnee ziehen, auf dem vorgebackenen Auflauf verteilen und etwa 15 Minuten bei 220° C überbacken.

Ofenschlupfer

SCHWABEN

Für 4 Personen

5 Brötchen (vom Vortag), 4 kleine Äpfel, Saft von 1 Zitrone, 50 g Rosinen, 50 g Mandelstifte, 80 g Zucker, ½ l Milch, 2 Eier, 2 Eigelb, 2 cl Mandellikör, Mark von 1 Vanilleschote, abgeriebene Schale von ½ Zitrone (unbehandelt), 40 g Butter, etwas gemahlener Zimt

1. Die Brötchen in dünne Scheiben schneiden. Die Äpfel schälen, vierteln, entkernen, in dünne Spalten schneiden und mit Zitronensaft beträufeln. Mit Rosinen, Mandelstiften und 30 g Zucker vermischen. Den Backofen auf 200° C vorheizen.
2. Milch, Eier, Eigelb und Mandellikör verquirlen. Mit Vanillemark, Zitronenschale und 40 g Zucker abschmecken.
3. Eine Auflaufform mit 20 g Butter fetten und mit den Brötchenscheiben und der Apfelmischung füllen. Die letzte Schicht sollten Brötchenscheiben sein. Mit der Eiermilch gleichmäßig begießen und die restliche Butter in Flöckchen darauf verteilen. Restlichen Zucker mit etwas Zimt vermischen und darüberstreuen.
4. Ofenschlupfer auf der mittleren Schiene im Backofen in etwa 30 bis 40 Minuten goldbraun backen.

Herbstliches Kompott

BADEN

Für 4 Personen

300 g Holunderbeeren, 1 großer Apfel, 1 große Birne, 250 g Spätzwetschgen, ½ l gehaltvoller Rotwein, 1 Stückchen Zimtrinde, 1 Stück Orangenschale (unbehandelt), 2 Nelken, 100 g Zucker, 50 g Walnußkerne

1. Die Holunderbeeren von den Stielen streifen. Den Apfel und die Birne schälen, halbieren, entkernen und in Spalten schneiden. Die Zwetschgen halbieren und den Stein entfernen.

2. Rotwein mit Gewürzen und Zucker einige Minuten kochen, die Früchte dazugeben und zugedeckt bei schwacher Hitze 4 bis 6 MInuten köcheln lassen.

3. Die Früchte mit einem Schaumlöffel herausnehmen und den Sud sirupartig einkochen lassen. Dann über die Früchte gießen, vermischen und kalt stellen.

4. Die Walnußkerne in einer Pfanne ohne Fett rösten, grob hacken und das gut gekühlte Kompott damit bestreuen.

MANFRED SCHWARZ

Am besten schmeckt das herbstliche Kompott, wenn man es über Nacht gut durchziehen läßt. Wer möchte, aromatisiert das Fruchtdessert mit Armagnac oder Pflaumenschnaps.

Karamelisierte Äpfel

RHEINLAND

Für 4 Personen

800 g säuerliche Äpfel (z. B. Boskop), 40 g Butter, 100 g Zucker, 1 EL Vanillezucker, 1 Msp gemahlener Zimt, 6–8 EL Apfelsaft, Saft von ½ Zitrone

1. Die Äpfel schälen, halbieren, entkernen und längs in Spalten schneiden.

2. Butter in einer großen Pfanne aufschäumen lassen. Zucker und Vanillezucker hinzufügen und karamelisieren lassen. Zimt und die Apfelspalten dazugeben und bei mittlerer Hitze unter Schwenken der Pfanne einige Minuten braten. Mit Apfelsaft ablöschen, mit Zitronensaft beträufeln und zugedeckt 5 bis 8 Minuten schmoren. Falls nötig, noch etwas Flüssigkeit hinzufügen.

3. Die Pfanne von der Kochstelle nehmen, die Äpfel etwas abkühlen lassen und lauwarm, am besten mit Vanilleeis, servieren.

MANFRED SCHWARZ

Wenn keine Kinder mitessen, schmecken Sie die Früchte kurz vor dem Servieren mit Apfelbrand ab.

Rotweinzwetschgen

BADEN

Für 4 Personen

½ l gehaltvoller Rotwein, 150 g Zucker, 1 Scheibe frische Ingwerwurzel, 1 Stückchen Zimtstange, 2 Gewürznelken, 1 Stück Orangenschale (unbehandelt), 1 kg Spätzwetschgen, 4 cl Zwetschgenwasser

1. Den Rotwein mit Zucker und Gewürzen in einen Topf geben und aufkochen. Etwa 5 Minuten bei schwacher Hitze köcheln lassen.
2. Die Zwetschgen halbieren, entsteinen und in den kochenden Sud geben. Die Hitze reduzieren und die Früchte in 6 bis 8 Minuten weich dünsten.
3. Die Zwetschgen mit einem Schaumlöffel herausheben und in eine Schüssel geben.
4. Die Kochflüssigkeit bei starker Hitze sirupartig einkochen lassen. Dann die Gewürze herausnehmen und den Sud mit Zwetschgenwasser abschmecken. Die Früchte damit begießen, gründlich vermischen und zugedeckt mindestens 2 bis 3 Stunden im Kühlschrank marinieren.
DIe Rotweinzwetschgen schmecken allein, aber auch mit Vanilleeis oder einer lockeren Quarkcreme.

Apfeltarte

PFALZ

Für 4 Personen

150 g Mehl, 1 Prise Salz, 25 g Zucker, 3–5 EL Eiswasser, 100 g eiskalte Butter, Fett für die Form, 500 g aromatische Äpfel (z. B. Boskop oder Cox Orange), 3 EL Aprikosenkonfitüre, 1–2 EL Aprikosengeist

1. Mehl, Salz, Zucker, Eiswasser und die eiskalte Butter in kleinen Flocken in eine Schüssel geben und mit den Knethaken eines Handrührgerätes zu einem Mürbeteig verkneten. Mit den Händen kurz durchkneten und in Folie gewickelt 30 Minuten kalt stellen.
2. Den Backofen auf 250° C vorheizen. Den Teig zu einer runden, dünnen Platte (24 cm ⌀) ausrollen und eine gefettete Tarte- oder Springform (20 cm ⌀) damit auskleiden.
3. Die Äpfel schälen, entkernen und in möglichst dünne Spalten schneiden. Fächerförmig auf dem Teigboden verteilen und auf der mittleren Schiene im Backofen 15 bis 20 Minuten backen.
4. Konfitüre und Alkohol verrühren, erhitzen und die Äpfel damit bestreichen. Lauwarm serviert schmeckt die Tarte am besten.

Gefüllte Eierkuchen

SACHSEN-ANHALT

Für 4 Personen

80 g Mehl, 1 Prise Salz, 1 TL Vanillezucker, 2 Eier, 1 Eigelb, 100 ml Milch, 100 ml Mineralwasser (mit Kohlensäure), 2 EL flüssige Butter, Butter zum Braten, 200 g frische Preiselbeeren, 120 g Zucker, 1/8 l gehaltvoller Rotwein, 1 Stückchen Zimtstange, Schale von 1/2 Orange (unbehandelt), 1 gestrichener TL Speisestärke (z. B. Mondamin), Puderzucker zum Bestäuben

1. Mehl, Salz, Vanillezucker, Eier, Eigelb, Milch, Mineralwasser und die flüssige Butter in einen Rührbecher geben und mit dem Stabmixer rasch zu einem glatten Teig verquirlen. Mindestens 30 Minuten quellen lassen.
2. Die Preiselbeeren waschen, verlesen und mit Zucker, Rotwein, Zimt und Orangenschale in einen Topf geben. Aufkochen und 5 bis 6 Minuten köcheln lassen.
3. Preiselbeeren in einem Sieb abtropfen lassen, dabei den Sud auffangen und erneut aufkochen.
4. Die Speisestärke mit 2 EL kaltem Wasser anrühren und unter den kochenden Sud rühren. Die Beeren unter die Sauce mischen und etwas abkühlen lassen.
5. Etwas Butter in einer Pfanne erhitzen und nacheinander acht dünne Pfannkuchen backen. Das Preiselbeerkompott auf den Pfannkuchen verteilen, aufrollen und mit Puderzucker bestäubt servieren.

Apfelstrudel

BAYERN

Für 4 Personen

1 1/2 kg aromatische Äpfel (z. B. Boskop), Saft von 1 Zitrone, 80 g Rosinen, 50 g gehackte Mandeln, 2 EL Rum, 1 Packung fertiger Strudelteig, 100 g flüssige Butter, 2 EL Vanillezucker, 2 EL geriebener Zwieback, 1 TL gemahlener Zimt, Puderzucker zum Bestäuben

1. Die Äpfel schälen, entkernen und in hauchdünne Spalten schneiden. Mit Zitronensaft, Rosinen, Mandeln und Rum in einer Schüssel vermischen. Den Backofen auf 180° C vorheizen.
2. Den Strudelteig auf einem leicht bemehlten, großen Küchentuch ausbreiten und mit der Hälfte der Butter bestreichen. Mit einer Mischung aus Vanillezucker, geriebenem Zwieback und Zimt bestreuen. Die Apfelmischung gleichmäßig darauf verteilen und den Strudel mit Hilfe des Küchentuches von der schmalen Seite her aufrollen. Die Enden gut festdrücken und den Strudel auf ein gefettetes Backblech setzen.
3. Den Strudel mit etwas flüssiger Butter bestreichen und im Backofen in etwa 40 Minuten goldbraun backen, dabei gelegentlich mit der restlichen Butter bestreichen.
4. Den Apfelstrudel mit Puderzucker bestäuben und am besten lauwarm servieren.

Apfelränzchen

HESSEN

Für 4 Personen

120 g Mehl, 1 Prise Salz, 50 g Zucker, abgeriebene Schale von 1/2 Zitrone (unbehandelt), 2 Eigelb, knapp 100 ml Milch, 50 ml Apfelwein, 2 große Äpfel (z. B. Boskop), 2 Eiweiß, Keimöl zum Ausbacken, 3 EL Zucker, gemahlener Zimt

1. Mehl, Salz, Zucker, Zitronenschale und Eigelb in eine Schüssel geben. Mit Milch und Apfelwein zu einem glatten Teig verrühren und etwa 20 Minuten ruhen lassen.
2. Die Äpfel schälen, das Kerngehäuse ausstechen und die Früchte in etwa 1 cm dicke Scheiben schneiden.
3. Eiweiß steif schlagen und locker unter den Teig ziehen.
4. Das Öl in der Friteuse oder in einer tiefen Pfanne auf 180° C erhitzen. Die Apfelscheiben im Teig wenden und portionsweise im heißen Öl in wenigen Minuten goldbraun ausbacken. Mit einer Gabel prüfen, ob die Äpfel weich sind.
5. Die Apfelränzchen mit einem Schaumlöffel aus dem Fett heben und auf Küchenpapier abtropfen lassen. Im vorgeheizten Backofen warm halten, bis alle Apfelscheiben ausgebacken sind.
6. Zucker und Zimt auf einem großen Teller vermischen, die gebackenen Apfelscheiben darin wenden und mit Vanilleeis servieren.

Kartoffelkrapfen

BERLIN/MARK BRANDENBURG

Für 4 Personen

500 g vorwiegend festkochende Kartoffeln, 20 g Hefe, 1/8 l lauwarme Milch, 100 g Zucker, 50 g Rosinen, 2 cl Rum, 100 g Butter, 3 Eier, 1 Prise Salz, 250 g Mehl, 60 g grobgehackte Haselnüsse, Keimöl zum Ausbacken, 1/2 TL gemahlener Zimt

1. Die Kartoffeln gar kochen. Das Kochwasser abschütten, die Kartoffeln gut abdampfen lassen, schälen und durch die Kartoffelpresse drücken. Abkühlen lassen.
2. Hefe und Milch verrühren und etwas Zucker zugeben. Zugedeckt an einem warmen Platz etwa 15 Minuten aufgehen lassen. Die Rosinen in Rum einweichen.
3. Butter und 50 g Zucker cremig rühren und nach und nach unter ständigem Rühren die Eier und die Hefemilch unterrühren. Abwechselnd die Kartoffeln, Salz, Mehl, die Haselnüsse und die eingeweichten Rosinen dazugeben und gut durchrühren. Den Teig zugedeckt an einem warmen Platz 30 Minuten aufgehen lassen.
4. Das Öl in einer Friteuse auf 180° C erhitzen. Mit einem Teelöffel walnußgroße Bällchen von der Teigmasse abstechen und portionsweise im heißen Öl in 6 bis 8 Minuten goldbraun ausbacken.
5. Mit einem Schaumlöffel herausheben und auf Küchenpapier abtropfen lassen. Den restlichen Zucker mit Zimt vermischen und die heißen Krapfen darin wenden.

Zwetschgenklöße

SAARLAND

Für 4 Personen

250 g Magerquark, Salz, 50 g Zucker, 1 Msp Vanillemark, 2 Eigelb, 50 g geriebener Zwieback, 30 g Mehl, 8 große Zwetschgen, 8 Stück Würfelzucker oder 40 g geschälte Mandeln, 80 g Butter, 60 g geriebenes Weißbrot oder geriebener Biskuit, ½ TL gemahlener Zimt, 2 EL Zucker

1. Für den Teig den Quark mit 1 Prise Salz, 30 g Zucker, Vanillemark und Eigelb verrühren. Nach und nach geriebenen Zwieback und das Mehl unterrühren.
2. Die Zwetschgen entsteinen und die Steine entweder durch Würfelzucker oder Mandeln ersetzen.
3. Den Teig in acht gleich große Stücke teilen. Zwetschgen mit Teig umhüllen und zu Klößen formen.
4. In einem großen Topf reichlich Salzwasser aufkochen und die Klöße darin 10 bis 12 Minuten bei schwacher Hitze ziehen lassen.
5. Die Butter in einer Pfanne zerlassen. Weißbrot- oder Biskuitbrösel, Zimt und Zucker dazugeben und bei mittlerer Hitze goldbraun rösten. Falls die Mischung zu trokken ist, noch etwas Butter hinzufügen.
6. Die Klöße mit einem Schaumlöffel aus dem Wasser heben, gut abtropfen lassen und in der Bröselmischung wenden. Sofort servieren.

Arme Ritter

PFALZ

Für 4 Personen

4 Brötchen (vom Vortag), ½ l Milch, 2 EL Vanillezucker, abgeriebene Schale von ½ Orange (unbehandelt), 4 cl Grand Marnier, 2 Eier, 50 g geriebener Biskuit, 50 g geriebene Mandeln, Butterschmalz zum Braten, ca. 120 g Zucker, gemahlener Zimt, 4 kleine Äpfel, 30 g Butter, Saft von 1 Orange, Orangenschalenstreifen (unbehandelt)

1. Die Brötchenkruste mit einem Reibeisen abreiben, die Brötchen in dicke Scheiben schneiden und auf eine tiefe Platte legen. Milch mit Vanillezucker, Orangenschale und 2 cl Grand Marnier vermischen, die Brotscheiben damit begießen und etwa 15 Minuten einweichen.
2. Die Biskuitbrösel mit den Mandeln vermischen. Die eingeweichten Brotscheiben ausdrücken, erst in den verquirlten Eiern, dann in der Bröselmischung wenden.
3. Reichlich Butterschmalz erhitzen und die Brotscheiben darin auf beiden Seiten goldbraun braten. Auf Küchenpapier abtropfen lassen und in 3 EL Zimtzucker wenden.
4. Die Äpfel schälen, halbieren, entkernen und in Spalten schneiden. Butter und restlichen Zucker karamelisieren lassen und die Äpfel darin schwenken. Mit Orangensaft und Grand Marnier begießen und zugedeckt bei schwacher Hitze weich schmoren. Mit Orangenschalenstreifen bestreuen und zu den „Armen Rittern" servieren.

Pfitzauf

SCHWABEN

Für 4 Personen

3 Eigelb, 30 g Zucker, 1 EL Vanillezucker, abgeriebene Schale von ½ Zitrone (unbehandelt), 1 Prise Salz, 100 g Sahne, 80 g Mehl, 20 g Speisestärke (z. B. Mondamin), 50 g Rosinen, 4 Eiweiß, 20 g Butter für die Formen, 2 EL Puderzucker zum Bestäuben

1. Den Backofen auf 220° C vorheizen. Eigelb mit Zucker, Vanillezucker, Zitronenschale und Salz mit den Schneebesen eines Handrührgerätes schaumig rühren. Abwechselnd nach und nach Sahne, Mehl und Speisestärke und Rosinen unterrühren.
2. Das Eiweiß steif schlagen und mit dem Schneebesen vorsichtig unter den Teig ziehen.
3. Feuerfeste, kleine Auflaufformen mit Butter fetten und den Teig hineinfüllen. Die Formen nur zu zwei Drittel füllen, da der Teig aufgeht.
4. Im heißen Backofen auf der mittleren Schiene in 20 bis 25 Minuten goldbraun backen. Mit Puderzucker bestäuben und sofort servieren.
Dazu paßt ein Kompott, der Jahreszeit entsprechend, entweder aus Zwetschgen, Äpfeln oder Preiselbeeren.

Reisschmarrn

THÜRINGEN

Für 4 Personen

½ l Milch, Salz, 1 Vanilleschote, 1 Stück Orangenschale (unbehandelt), 200 g Rundkornreis, 80 g Rosinen, 40 ml Rum, 4 Eigelb, 80 g Zucker, 1 EL Vanillezucker, 50 g grobgehackte Mandeln, 4 Eiweiß, 40 g Butterschmalz, Puderzucker zum Bestäuben

1. Die Milch mit Salz, der aufgeschnittenen Vanilleschote und der Orangenschale aufkochen. Den Reis dazugeben, einmal aufkochen und 40 Minuten ausquellen lassen. Von der Kochplatte nehmen, die Vanilleschote und die Orangenschale entfernen und den Reis abkühlen lassen.
2. Die Rosinen in Rum einweichen. Eigelb mit 60 g Zucker und dem Vanillezucker schaumig rühren. Nach und nach den Reisbrei, die Rosinen und die Mandeln hinzufügen.
3. Eiweiß mit dem restlichen Zucker steif schlagen und locker unter die Reismasse ziehen.
4. In zwei Pfannen jeweils 20 g Butterschmalz erhitzen und die Hälfte der Reismasse hineingeben. Glattstreichen und etwa 10 Minuten bei mittlerer Hitze goldbraun backen. Dann mit zwei Gabeln in Stücke reißen, mit Puderzucker bestäuben und unter Wenden glasieren. Dazu paßt Apfelmus.

Pilzsuppe

SACHSEN

Für 4 Personen

3 Schalotten, 500 g gemischte Waldpilze,
1 Bund glatte Petersilie, 30 g Butter, Salz, Pfeffer,
1 TL Mehl, 4 cl Portwein, ½ l Fleischbrühe,
¼ l Sahne, 4 frische Thymianzweige

1. Schalotten schälen und in Würfel schneiden. Die Pilze putzen und vierteln. Die Petersilie fein hacken.
2. Die Butter erhitzen und die Schalotten darin glasig braten. Pilze und die Hälfte der Petersilie dazugeben und mit anschwitzen. Mit Salz und Pfeffer würzen, mit Mehl bestäuben und mit Portwein ablöschen. Brühe und die Hälfte der Sahne aufgießen, 2 Thymianzweige dazugeben und bei mittlerer Hitze etwa 15 Minuten köcheln lassen.
3. Die restliche Sahne steif schlagen, locker unter die Suppe ziehen und mit den restlichen Thymianblättern bestreuen.

MANFRED SCHWARZ

Für das Kürbisgemüse muß das orangerote Fruchtfleisch der Riesenkürbisse entkernt werden. Dann in Rauten schneiden und in Butter anbraten. Mit etwas Zucker, Ingwer und Salz würzen, mit etwas Wein und Brühe begießen und zugedeckt gar schmoren.

Gefülltes Hähnchen

SAARLAND

Für 4 Personen

1 Hähnchen, ca. 1 ½ kg, Salz, Pfeffer, 50 g Weißbrot in Scheiben, 4–6 EL Milch, 1 Zwiebel, 1 Möhre,
½ Bund Petersilie, 50 g Butter, 300 g Kalbsbrät,
2 Eigelb, Muskat, 1 Bund Suppengrün, 2 EL Keimöl,
⅛ l Weißwein, ⅛ l Hühnerbrühe, 125 g Sahne

1. Das Hähnchen waschen, trockentupfen und innen und außen mit Salz und Pfeffer einreiben.
2. Das Weißbrot mit heißer Milch begießen. Zwiebel und Möhre schälen und beides in kleine Würfel schneiden.
3. 20 g Butter erhitzen und Zwiebel- und Möhrenwürfel bei mittlerer Hitze darin andünsten. Gehackte Petersilie hinzufügen und kurz mit anschwitzen. Abkühlen lassen.
4. Kalbsbrät, Eigelb, ausgedrücktes Weißbrot und angedünstetes Gemüse miteinander verrühren und würzen. Backofen auf 200° C vorheizen. Die Farce in das Hähnchen füllen und die Öffnung mit Küchengarn zunähen.
5. Restliche Butter und Öl erhitzen und das Hähnchen goldbraun braten. Das kleingeschnittene Suppengrün dazugeben, kurz mit anbraten und mit Wein aufgießen.
6. Das Hähnchen zugedeckt in den Backofen stellen und 45 Minuten auf der unteren Schiene braten, zwischendurch mit Hühnerbrühe begießen. Den Deckel abnehmen und den Bräter auf die mittlere Schiene stellen. Das Geflügel unter gelegentlichem Begießen mit Bratensaft weitere 30 Minuten knusprig braten.
7. Das Hähnchen herausnehmen und tranchieren. Den Bratfond durch ein Sieb passieren, die Sahne dazugeben, sämig einkochen lassen und zum Geflügel reichen.
Dazu paßt geschmortes Kürbisgemüse.

Apfelkrapfen

BAYERN

Für 4 Personen

250 g Mehl, 1 Prise Salz, 15 g Hefe, ca. 1/8 l lauwarme Milch, 50 g Butter, 60 g Zucker, 2 Eier, 2 mittelgroße Äpfel, Saft von 1/2 Zitrone, 30 g Rosinen, 30 g Mandelstifte, Keimöl zum Ausbacken, Puderzucker zum Bestäuben

1. Mehl und Salz in eine Schüssel geben. In die Mitte eine Mulde drücken und die Hefe hineinbröckeln. Mit lauwarmer Milch begießen und mit etwas Mehl verrühren. 15 Minuten gehen lassen. Die Butter in kleinen Flocken, Zucker und die Eier dazugeben und mit einem Kochlöffel oder den Knethaken eines Handrührgerätes zu einem geschmeidigen Hefeteig verrühren. An einem warmen Ort etwa 30 Minuten gehen lassen.

2. Die Äpfel schälen, halbieren und entkernen. Die Hälften in kleine Würfel schneiden und mit Zitronensaft beträufeln. Das Ausbacköl auf 180° C erhitzen.

3. Apfelstücke, Rosinen und Mandeln unter den aufgegangenen Hefeteig mischen. Mit einem Kaffeelöffel walnußgroße Stücke abstechen und portionsweise im heißen Öl 5 bis 8 Minuten goldbraun ausbacken.

4. Mit einem Schaumlöffel herausheben, auf Küchenpapier abfetten lassen und mit Puderzucker bestäuben.

Winterküche

Deftige und herzhafte Gerichte sind an kalten Wintertagen sehr beliebt. Da darf die Zubereitung auch etwas aufwendiger sein, denn es macht Spaß, während es draußen stürmt und schneit, in der warmen Küche zu stehen und etwas Schmackhaftes zu kochen. Jetzt sind Eintöpfe, Braten oder auch üppige Kartoffelgerichte genau das richtige.

Makrelencreme

MECKLENBURG-VORPOMMERN

Für 4 Personen

250 g Makrelenfilets (ohne Haut und Gräten), 3 EL Crème fraîche, Salz, weißer Pfeffer, 1 EL Orangensaft, etwas abgeriebene Orangenschale (unbehandelt), 2 EL geschlagene Sahne, 1 EL grüne Pfefferkörner

1. Die Makrelenfilets in kleine Stücke teilen und mit Crème fraîche im Küchenmixer oder mit dem Stabmixer fein pürieren. Mit Salz, Pfeffer, Orangensaft und -schale abschmecken. Die Sahne sowie die grobgehackten Pfefferkörner locker und gleichmäßig unterziehen.
2. Die Creme in Tontöpfchen füllen und mit Weißbrot oder Toast als Vorspeise servieren.

MANFRED SCHWARZ

Die schmackhafte Räucherfischcreme können Sie auch aus geräucherter Forelle, Bückling oder Stör zubereiten. Anstelle des grünen Pfeffers kann frisch gehackter Dill, Keta-Kaviar oder Forellenkaviar unter die Creme gemischt werden.

Brot mit Krabbenrührei

BREMEN/NIEDERSACHSEN

Für 4 Personen

8 Eier, 8 EL Milch, Salz, Pfeffer, 2 Schalotten, 80 g Butter, 200 g ausgelöste Nordseekrabben, 4 Scheiben Vollkornbrot, ½ Bund Schnittlauch, 4 Cocktailtomaten

1. Die Eier in eine Schüssel schlagen und mit der Milch verquirlen. Mit Salz und Pfeffer würzen.
2. Die Schalotten schälen und in kleine Würfel schneiden. 40 g Butter in einer Pfanne aufschäumen lassen und die Schalottenwürfel darin glasig dünsten. Die Krabben dazugeben und unter Schwenken der Pfanne erhitzen.
3. Die Eiermilch darübergießen und unter Rühren mit einer Gabel stocken lassen.
4. Die Vollkornbrote mit der restlichen Butter bestreichen. Das wachsweiche Krabbenrührei darauf geben, mit feingeschnittenem Schnittlauch bestreuen und mit geviertelten Cocktailtomaten garnieren.

MANFRED SCHWARZ

Das Brot mit Krabbenrührei ist eine köstliche Vorspeise, mit einem kleinen Salat ein schnelles, leichtes Abendessen.
Ersetzen Sie die Krabben mal durch frischen, in kleine Würfel geschnittenen Lachs.

Saure Zipfel

BAYERN

Für 4 Personen

¼ l fränkischer Weißwein (z. B. Silvaner), ½ l Wasser, ⅛ l Weißweinessig, 1 Lorbeerblatt, 4 zerdrückte Wacholderbeeren, einige Petersilienstiele, 1 TL Pfefferkörner, 4 kleine Zwiebeln, 2 große Möhren, Salz, ½ TL Zucker, 16 Nürnberger Bratwürstchen, 1 Stück frischer Meerrettich

1. Wein, Wasser und Essig mit den Gewürzen und der Petersilie aufkochen.
2. Zwiebeln und Möhren schälen und jeweils in dünne Scheiben schneiden. In den Kochsud geben, mit Salz und Zucker abschmecken und etwa 20 Minuten bei schwacher Hitze köcheln lassen.
3. Die Bratwürstchen hinzufügen und bei schwacher Hitze in etwa 10 Minuten gar ziehen lassen. Die Flüssigkeit auf keinen Fall kochen lassen, damit die Würstchen nicht platzen.
4. Die Würstchen mit den Zwiebel- und Möhrenscheiben auf tiefe Teller verteilen, den Sud durch ein Sieb darübergießen und mit frisch geraspeltem Meerrettich bestreuen.
Dazu ißt man Roggenbrötchen und trinkt fränkischen Silvaner.

Gebratene Käsebrote

SACHSEN-ANHALT

Für 4 Personen

1 kleines Stangenweißbrot (vom Vortag), 200 g Butterkäse am Stück, 100 g gekochter Schinken, ½ Bund gemischte Kräuter, ¼ l Milch, 2 Eier, Salz, Pfeffer, Muskatnuß (gerieben), Keimöl zum Braten

1. Das Weißbrot in acht 2 cm dicke Scheiben schneiden. Jede Scheibe noch einmal leicht einschneiden, aber nicht durchschneiden, so daß Brottaschen entstehen.
2. Den Käse in acht dicke Scheiben schneiden und die Brottaschen mit je einer Käsescheibe füllen. Den Schinken in kleine Würfel schneiden, die Kräuter fein hacken und beides auf den Käsescheiben verteilen. Die Brotränder gut andrücken und die Brote nebeneinander auf eine tiefe Platte legen.
3. Milch und Eier gründlich verquirlen. Mit Salz, Pfeffer und Muskat würzen und über die Brote gießen. 30 Minuten einweichen, dabei mehrmals wenden.
4. Reichlich Öl in einer Pfanne erhitzen. Die Brote darin nacheinander auf beiden Seiten goldbraun und knusprig braten.
5. Die gebratenen Brote auf Küchenpapier abtropfen lassen und im vorgeheizten Backofen warm halten, bis alle Brote fertig sind.
Die gefüllten Brote können als Vorspeise, kleiner Imbiß oder mit Salat als Abendessen serviert werden.

Krabbencocktail

HAMBURG/SCHLESWIG-HOLSTEIN

Für 4 Personen

2 Chicorée, 100 g Tiefkühl-Erbsen, 2 hartgekochte Eier, 200 g ausgelöste Krabben, 3 EL Mayonnaise, 1 EL Crème fraîche, 1 EL Joghurt, 1 EL Tomatenketchup, 2 cl Grand Marnier, Salz, Pfeffer, abgeriebene Schale von ½ Orange (unbehandelt), Cayennepfeffer, Saft von ½ Zitrone und ½ Orange, 1 Kästchen Kresse

1. Von den Chicorée jeweils die acht äußeren Blätter ablösen und beiseite legen. Die Chicorée halbieren, den Strunk herauslösen, und die Hälften in Streifen schneiden.
2. Die Erbsen kurz blanchieren und in eiskaltem Wasser abkühlen lassen.
3. Die Chicoréestreifen mit den Erbsen, den in Achtel geschnittenen Eiern und den Krabben locker in einer Schüssel vermischen.
4. Mayonnaise mit Crème fraîche, Joghurt und Tomatenketchup vermischen und mit Grand Marnier, Salz, Pfeffer, Orangenschale, Cayennepfeffer und den Zitrussäften würzig abschmecken. Das Dressing über die Salatzutaten verteilen und vorsichtig damit vermischen.
5. Vier Schalen mit den restlichen Chicoréeblättern auskleiden, in die Mitte den Krabbencocktail hineinfüllen und mit der abgeschnittenen Kresse bestreuen.

Fleischsalat

HESSEN

Für 4 Personen

400 g kalter, in dünne Scheiben geschnittener Kalbsbraten, 2 große Essiggurken, 2 Schalotten, 5 EL Gurkensud, 2 Eigelb, 1 TL Senf, Salz, Pfeffer, ¼ l Keimöl, 1–2 EL Weißweinessig, 2 Spritzer Worcestersauce, Cayennepfeffer, einige Salatblätter

1. Die Bratenscheiben in sehr feine Streifen schneiden. Die Essiggurken erst der Länge nach in dünne Scheiben, dann quer in schmale Streifen schneiden.
2. Schalotten schälen und in kleine Würfel schneiden. Alles in einer Schüssel vermischen und mit dem Gurkensud begießen.
3. Für die Mayonnaise Eigelb, Senf, Salz und Pfeffer verrühren und tröpfchenweise das Öl dazugießen. Sobald die Mayonnaise fest ist, mit Essig, Worcestersauce und Cayennepfeffer würzig abschmecken.
4. Die Mayonnaise mit den Salatzutaten vermischen und zugedeckt im Kühlschrank mindestens 1 Stunde durchziehen lassen. Auf bunten Salatblättern anrichten.

MANFRED SCHWARZ

Anstelle des kalten Bratens können Sie Kalbfleischwurst für den Salat verwenden.

Rote-Bete-Salat mit Fisch

BERLIN/MARK BRANDENBURG

Für 4 Personen

3 kleine, gekochte rote Beten, 2 EL Rotweinessig, Salz, 1 Msp Dijonsenf, 3 EL Fleischbrühe, 3 EL Keimöl, 2 EL rote Zwiebelwürfel, 600 g Schollenfilets, Saft von ½ Zitrone, Pfeffer, 2–3 EL Mehl, 2 Eier, etwa 80 g frisch geriebenes Weißbrot, ½ TL frisch gemahlener Koriander, Butterschmalz zum Braten, 4 Portionen Kartoffel-Kräuter-Salat (siehe Rezept S. 64), abgezupfte Kerbelblätter

1. Die roten Beten schälen und auf dem Gurkenhobel in dünne Scheiben hobeln. Die Scheiben fächerförmig auf vier Tellern anrichten. Essig, Salz, Senf, Brühe und Öl verquirlen und darüberträufeln. Mit Zwiebelwürfeln bestreuen und mindestens 15 Minuten durchziehen lassen.
2. Schollenfilets in Streifen schneiden, mit Zitronensaft beträufeln und mit Salz und Pfeffer würzen. Erst in Mehl, dann in den verquirlten Eiern und zum Schluß in den mit Koriander vermischten Weißbrotbröseln wälzen. Reichlich Butterschmalz erhitzen und die Fischfilets darin bei starker Hitze goldbraun und kroß braten.
3. Den Kartoffelsalat auf dem Rote-Bete-Salat anrichten. Die gebratenen Fischfilets mit einem Schaumlöffel herausheben und darüber verteilen. Mit Kerbelblättern bestreuen.

Wintersalat mit Nüssen

BADEN

Für 4 Personen

200 g bunt gemischte Wintersalate (z. B. Radicchio, Eichblatt-, Frisée- und Feldsalat), 4 Frühlingszwiebeln, einige Cocktailtomaten, 1 Knoblauchzehe, 1 TL Dijonsenf, Salz, Pfeffer, 1 TL Aceto Balsamico, 2 EL Rotweinessig, 3 EL trockener Rotwein, 1 EL Walnußöl, 4 EL Olivenöl extra virgen, 30 g Walnußkerne, 1 EL Keimöl, 4 hartgekochte Eier

1. Die Salatblätter sorgfältig verlesen, rasch in reichlich kaltem Wasser waschen, gut abtropfen lassen und in mundgerechte Stücke teilen.
2. Die Frühlingszwiebeln putzen, waschen und mit einem Teil des Grüns in feine Ringe schneiden. Die Cocktailtomaten waschen und halbieren. Die Knoblauchzehe quer halbieren und eine große Salatschüssel damit ausreiben. Die Salatblätter hineingeben.
3. Senf, Salz, Pfeffer, Essig, Rotwein und Öl zu einer Vinaigrette verrühren.
4. Walnußkerne grob hacken und im heißen Öl kurz anrösten. Die Eier schälen und in Würfel schneiden.
5. Die Salatmischung mit der Vinaigrette vermischen und mit gerösteten Walnüssen und Eierwürfeln bestreuen.

Forellensuppe

Bayern

Für 4 Personen

2 küchenfertige Regenbogenforellen à ca. 250 g, 1 Bund Suppengrün, 40 g Butter, 1 Lorbeerblatt, ½ Bund Petersilie, 4 weiße Pfefferkörner, ½ l Weißwein, ½ l Wasser, Salz, 1 Lauchstange, Muskatnuß (gerieben), 1 Eigelb, 100 g Sahne

1. Die Forellen filetieren. Fischköpfe und Gräten waschen, das Suppengrün kleinschneiden. 20 g Butter zerlassen und die Fischabfälle sowie das Suppengrün darin andünsten. Lorbeerblatt, einige Petersilienzweige und die Pfefferkörner dazugeben und mit Weißwein und Wasser aufgießen. Mit Salz würzen und aufkochen lassen. Bei schwacher Hitze 20 Minuten köcheln lassen.
2. Lauch putzen, waschen, den weißen Teil in feine Ringe schneiden, in der restlichen Butter andünsten und mit Salz und Muskat würzen.
3. Den Fond durch ein Sieb gießen. Fischfilets in mundgerechte Stücke teilen und im Fond gar ziehen lassen. Mit einem Schaumlöffel herausheben und mit den Lauchringen auf vier Suppenteller verteilen.
4. Eigelb und Sahne verquirlen, in den Fond einlaufen lassen, kurz erhitzen, aber auf keinen Fall kochen lassen. Über die Forellenstücke und Lauchringe gießen und mit der restlichen, gehackten Petersilie bestreuen.

Erbsensuppe

Berlin/Mark Brandenburg

Für 4 Personen

300 g grüne, getrocknete Erbsen, 2 l Wasser, 100 g durchwachsener Räucherspeck, 2 Zwiebeln, 2 EL Keimöl, 1 Schinkenknochen, 3 frische Majoranzweige, Salz, Pfeffer, 2 mehligkochende Kartoffeln, 2 Scheiben Toastbrot, 2 EL Butterschmalz

1. Die Erbsen mit dem Wasser übergießen und über Nacht einweichen.
2. Am nächsten Tag den Räucherspeck und die geschälten Zwiebeln in kleine Würfel schneiden und im Öl glasig dünsten. Die gut abgetropften Erbsen dazugeben, kurz mit andünsten und mit dem Einweichwasser aufgießen. Den Schinkenknochen und 2 Majoranzweige dazugeben und mit Salz und Pfeffer würzen. Aufkochen und bei schwacher Hitze 15 Minuten köcheln lassen.
3. Die Kartoffeln schälen, in kleine Würfel schneiden und unter die Suppe mischen. In weiteren 30 bis 40 Minuten weich kochen.
4. Den Knochen und die Kräuterstiele entfernen und die Suppe mit dem Stabmixer fein pürieren. Die Fleischreste vom Schinkenknochen lösen und kleingeschnitten unter die Suppe mischen.
5. Das Toastbrot in kleine Würfel schneiden und im erhitzten Butterschmalz goldbraun und kroß rösten. Die Suppe mit den gerösteten Brotwürfeln und den frischen Majoranblättern bestreuen.

Brotsuppe mit Lyoner

WESTFALEN

Für 4 Personen

4 kleine Scheiben herzhaftes, altbackenes Bauernbrot, 80 g Schweineschmalz, 4 Zwiebeln, ½ TL gerebelter Majoran, 1 Msp gemahlener Kümmel, Salz, Pfeffer, ¾ l kräftige Fleischbrühe, 200 g Lyoner (Fleischwurst), ½ Bund Schnittlauch

1. Die Brotscheiben in 20 g Schweineschmalz anrösten und auf vier Suppentassen verteilen.
2. Die Zwiebeln schälen, in dünne Ringe schneiden und in 40 g Schweineschmalz andünsten. Mit Majoran, Kümmel, Salz und Pfeffer würzen und mit der Fleischbrühe angießen. Etwa 10 Minuten bei schwacher Hitze köcheln lassen.
3. Inzwischen die Wurst häuten, in dünne Scheiben schneiden und im restlichen Schmalz anbraten.
4. Die Brühe mit den Zwiebeln über die Brotscheiben gießen, die gebratenen Wurstscheiben darauf verteilen und mit feingeschnittenem Schnittlauch bestreuen.

MANFRED SCHWARZ

In Bayern wird auf die gleiche Weise eine Brezensuppe zubereitet. Statt des Bauernbrotes altbackene, in Scheiben geschnittene Brezeln goldgelb rösten und mit Brühe begießen.

Sauerkrautsuppe

THÜRINGEN

Für 4 Personen

350 g Sauerkraut, 70 g Butter, 1 Lorbeerblatt, 2 zerdrückte Wacholderbeeren, einige Pfefferkörner, 1 kleine Zwiebel, 100 g Räucherspeck, ½ l Fleischbrühe, ¼ l Weißwein, 2 Scheiben Mischbrot, Salz, 2 EL frisch gehackte Petersilie

1. Das Sauerkraut kleinschneiden und in 30 g zerlassener Butter andünsten. Lorbeerblatt, Wacholderbeeren, Pfefferkörner in ein Gewürzei oder ein Mullsäckchen geben und mit der geschälten und halbierten Zwiebel sowie dem Räucherspeck zum Sauerkraut geben. Mit Brühe und Wein aufgießen, aufkochen lassen und zugedeckt bei schwacher Hitze etwa 30 Minuten köcheln lassen.
2. Das Brot in kleine Würfel schneiden und in der restlichen, erhitzten Butter goldbraun und knusprig braten.
3. Die Gewürze, die Zwiebel und den Speck entfernen und die Suppe mit Salz abschmecken. Auf vier Teller verteilen und mit Brotwürfeln und Petersilie bestreut servieren.

MANFRED SCHWARZ

Noch herzhafter schmeckt die Suppe, wenn Sie statt Brotwürfel gebratene, in Scheiben geschnittene Thüringer Rostbratwürstchen darüber geben.

Forelle mit Fenchel

THÜRINGEN

Für 4 Personen

*8 Forellenfilets à ca. 120 g, Salz, Pfeffer,
2 große Fenchelknollen, 20 g Butter, 1 kleine Dose Tomatenstücke oder 200 g frische Tomatenwürfel,
½ TL frisch gehackte Thymianblätter, 6 EL Olivenöl extra virgen, Saft von 1 Zitrone, abgeriebene Schale von ½ Zitrone (unbehandelt), ½ TL feingehackte Fenchelsamen*

1. Forellenfilets waschen, trockentupfen und mit Salz und Pfeffer würzen.
2. Von den Fenchelknollen das Grün abschneiden und beiseite legen. Die Knollen putzen, waschen, halbieren und quer in feine Streifen schneiden. 10 Minuten in kochendem Salzwasser blanchieren und abgetropft in den mit Butter ausgefetteten Bräter geben. Den Backofen auf 200° C vorheizen.
3. Die abgetropften Tomatenwürfel darüber verteilen und mit Thymian bestreuen. Die Fischfilets darauf verteilen.
4. Olivenöl mit Zitronensaft, abgeriebener Zitronenschale, dem feingehackten Fenchelgrün und den Fenchelsamen verquirlen und die Fischfilets damit bestreichen. Im Backofen 15 bis 20 Minuten garen.

Kabeljau auf Lauchbett

THÜRINGEN

Für 4 Personen

*4 Kabeljaufilets à ca. 180 g, Saft von ½ Zitrone, Salz, Pfeffer, 2 dicke Lauchstangen,
40 g Butter, 100 ml halbtrockener Weißwein,
100 g Crème fraîche, Muskat, ½ Bund Petersilie, einige Minzeblätter*

1. Die Fischfilets waschen und trockentupfen. Mit Zitronensaft beträufeln und mit Salz und Pfeffer würzen.
2. Von den Lauchstangen die Wurzeln und das grüne Ende entfernen. Die Stangen halbieren, gründlich waschen und gut abgetropft in feine Scheiben schneiden.
3. Die Butter in einem Bräter aufschäumen lassen und den Lauch darin andünsten. Den Wein angießen und kurz durchkochen lassen. Dann die Crème fraîche unterrühren und mit Salz, Pfeffer und Muskat würzen. Zugedeckt etwa 25 Minuten bei mittlerer Hitze schmoren.
4. Nach 10 Minuten Garzeit den Fisch auf das Gemüse legen und zugedeckt in 6 bis 8 Minuten fertiggaren. Petersilie und Minze fein hacken und darüberstreuen. Dazu passen am besten Salzkartoffeln.

Makrele mit Kräutern

SACHSEN-ANHALT

Für 4 Personen

4 küchenfertige Makrelen à ca. 400 g, Salz, Pfeffer, 2 EL Keimöl, 2–3 Knoblauchzehen, 1 kleine Zwiebel, ½ frische Peperoni, 1 Bund gemischte Kräuter (z. B. Petersilie, Thymian, Rosmarin, Salbei), 100 g weiche Butter, 1 TL Dijonsenf, Saft von 1 Zitrone

1. Die Makrelen möglichst vom Fischhändler filetieren lassen. Die Fischfilets waschen, trockentupfen und mit Salz und Pfeffer würzen.
2. Vier ausreichend große Stücke Alufolie mit etwas Öl bestreichen und mit je zwei Makrelenfilets belegen. Den Backofen auf 210° C vorheizen.
3. Knoblauchzehen und Zwiebel schälen und in kleine Würfel schneiden. Peperoni und Kräuter fein hacken.
4. Die Butter glattrühren, Zwiebel, Knoblauch und Kräuter untermischen. Mit Senf, Zitronensaft, Salz und Pfeffer würzen und jeweils die Fleischseite der Makrelenfilets damit bestreichen. Mit den restlichen Filets bedecken. Locker in Alufolie verpacken, nebeneinander auf die Fettpfanne des Backofens legen und auf der mittleren Schiene im Backofen in 15 bis 20 Minuten garen.

Wirsing-Fischbällchen

BADEN

Für 4 Personen

150 g Lachsforellenfilet (ohne Haut), 500 g Forellenfilets (ohne Haut), 8 große Wirsingblätter, 650 g Sahne, 1 Eiweiß, Salz, weißer Pfeffer, ¼ l trockener Weißwein, ¼ l Fischfond, 1 Msp gemahlener Safran

1. Lachsforellenfilet in kleine Würfel schneiden und 15 Minuten tiefkühlen. Forellenfilets ebenfalls leicht anfrieren lassen.
2. Wirsingblätter kleinschneiden und kurz blanchieren. In eiskaltem Wasser abschrecken und auf einem Küchentuch ausgebreitet trocknen lassen.
3. Forellenfilets im Küchenmixer pürieren und durch ein feines Sieb passieren. Mit einem Kochlöffel nach und nach 400 g eiskalte Sahne einarbeiten. Das Eiweiß steif schlagen und mit den gefrorenen Lachsforellenwürfeln unter die Farce rühren. Würzen und kalt stellen.
4. Eine Tasse mit einem Wirsingblatt auskleiden. Die Fischfarce hineingeben, das Blatt zusammenfalten und gut festdrücken. Dann auf einen Dämpfeinsatz stürzen. Die übrigen Blätter auf die gleiche Weise formen. Die Fisch-Gemüse-Bällchen über Dampf bei mittlerer Hitze 10 bis 12 Minuten garen.
5. Fischfond, Sahne und Safran so lange einkochen lassen, bis die Flüssigkeit sämig ist. Würzen und zu den Wirsingbällchen servieren.

Geschmorte Tauben

RHEINLAND

Für 4 Personen

4 küchenfertige Tauben à ca. 350 g (mit Innereien), Salz, Pfeffer, 3 altbackene Brötchen, 200 ml heiße Milch, 1 Zwiebel, 20 g Butter, 2 Bund Petersilie, 2 Eier, Muskat, 50 g Butterschmalz, 2 cl Weinbrand, ½ l Hühnerbrühe, 200 g saure Sahne, 1 TL Mehl

1. Die Täubchen waschen und trockentupfen. Innen und außen mit Salz und Pfeffer einreiben.
2. Die Brötchen in kleine Würfel schneiden und mit der heißen Milch übergießen. Die Zwiebel schälen, in Würfel schneiden und in der erhitzten Butter glasig dünsten. Die Hälfte der Petersilie fein hacken und mit den Eiern und den Zwiebeln unter das ausgedrückte Brot mischen. Herz und Leber fein hacken und unter die Füllung mischen. Kräftig würzen. Die Täubchen mit der Farce füllen und die Öffnungen zunähen.
3. Die Täubchen im heißen Butterschmalz von allen Seiten goldbraun anbraten. Die restliche Petersilie dazugeben und mit andünsten. Das Bratfett abschöpfen und den Bratensatz mit Weinbrand ablöschen. Die Brühe angießen und zugedeckt bei mittlerer Hitze mindestens 30 Minuten schmoren.
4. Den Deckel abnehmen, die Täubchen herausnehmen und warm stellen. Saure Sahne und Mehl verquirlen, unter die Sauce rühren und sämig einkochen lassen. Durch ein Sieb passieren und zu den Täubchen reichen.

Gebratene Entenbrust

MECKLENBURG-VORPOMMERN

Für 4 Personen

600 g Rotkohl, Salz, Pfeffer, 1 EL Aceto Balsamico, 2 EL Rotweinessig, 2 EL Olivenöl extra virgen, 1 EL Walnußöl, 2 EL Preiselbeeren (aus dem Glas), 2 Entenbrustfilets à 300 g, 2 EL Keimöl, 2 aromatische Äpfel (z. B. Boskop)

1. Den Rotkohl auf dem Gurkenhobel oder mit einem scharfen Messer in feine Streifen schneiden.
2. Salz, Pfeffer und Essig so lange verrühren, bis sich das Salz gelöst hat. Unter weiterem Rühren Olivenöl und Walnußöl dazugießen. Die Marinade über die Kohlstreifen gießen und mit den Händen kurz, aber kräftig durchkneten. Zum Schluß die Preiselbeeren untermischen und den Salat mindestens 1 Stunde durchziehen lassen. Den Backofen auf 200° C vorheizen.
3. Die Haut der Entenbrüste rautenförmig einschneiden. Die Brüste mit der Hautseite im erhitzten Öl kurz anbraten, wenden und die Fleischseite 6 bis 8 Minuten anbraten. Die Brüste auf eine feuerfeste Platte legen und im heißen Backofen in etwa 10 Minuten fertigbraten.
4. Die Äpfel schälen, achteln, entkernen und im Bratfett kurz anbraten.
5. Die Entenbrust in dünne Scheiben schneiden und mit den Apfelspalten auf dem Salat anrichten.

Gänsekeulen auf Linsen

BERLIN/MARK BRANDENBURG

Für 4 Personen

2 Gänsekeulen à ca. 500 g, Salz, Pfeffer, 2 EL Gänseschmalz, 1 Zwiebel, 2 frische Thymianzweige, 2 cl Weinbrand, ¾ l Hühnerbrühe, 2 Möhren, 1 Petersilienwurzel, 1 Lauchstange, 400 g Linsen, ¼ l Rotwein, 1 EL Rotweinessig, ½ Bund glatte Petersilie

1. Die Gänsekeulen mit Salz und Pfeffer einreiben. Das Gänseschmalz in einem großen Bräter erhitzen und die Keulen darin von allen Seiten goldbraun anbraten. Den Backofen auf 180° C vorheizen.
2. Die Zwiebel schälen und mit den Thymianzweigen zu den Keulen geben. Mit Weinbrand ablöschen und mit ¼ l Hühnerbrühe aufgießen. Zugedeckt im heißen Backofen etwa 90 Minuten schmoren.
3. Möhren und Petersilienwurzel schälen, den Lauch putzen und alles in kleine Würfel schneiden.
4. Die Gänsekeulen und die Zwiebel aus dem Topf nehmen. Den Bratenfond entfetten und das Gemüse und die gewaschenen Linsen hineingeben. Die restliche Brühe und den Rotwein angießen, aufkochen lassen und die Keulen zu den Linsen geben. Zugedeckt im Backofen in 40 Minuten fertiggaren. Mit Essig abschmecken und mit frisch gehackter Petersilie bestreuen.

Entenkeulen auf Bohnen

THÜRINGEN

Für 4 Personen

200 g weiße Bohnen, 1 l Wasser, 1 Zwiebel, 1 Knoblauchzehe, 4 Entenkeulen à ca. 200 g, Salz, Pfeffer, 1 EL Enten- oder Gänseschmalz, 2 frische Thymianzweige, 1 Lorbeerblatt, 2 EL gehackte Petersilie

1. Die Bohnen über Nacht in Wasser einweichen.
2. Am nächsten Tag den Backofen auf 180° C vorheizen. Zwiebel und Knoblauchzehe schälen und in kleine Würfel schneiden.
3. Die Entenkeulen mit Salz und Pfeffer würzen und im erhitzten Schmalz rundherum bei starker Hitze anbraten.
4. Die abgetropften Bohnen, die Zwiebel- und Knoblauchwürfel, Thymianzweige und das Lorbeerblatt in das Bratfett geben und mit anbraten.
5. Das Bohneneinweichwasser angießen, die Entenkeulen auf das Gemüse setzen und zugedeckt im heißen Backofen 1 Stunde und 40 Minuten schmoren. Die Bohnen noch einmal abschmecken, die Petersilie untermischen und mit Salzkartoffeln servieren.

Pute auf Weißkohl

SACHSEN

Für 4 Personen

2–3 Knoblauchzehen, 1 Putenoberkeule à 1,2 kg, Salz, Pfeffer, 1 kleiner Weißkohl, 40 g Butter, 1 TL Kümmel, 1 TL Zucker, 1 EL Aceto Balsamico, 1/4 l Fleischbrühe

1. Die Knoblauchzehen schälen und in Scheiben schneiden. Die Haut der Putenoberkeule mit einem spitzen Messer etwas lösen und die Knoblauchscheiben darunter schieben. Die Keule mit Salz und Pfeffer würzen.
2. Den Kohlkopf halbieren, den Strunk entfernen und die Hälften in 2 cm große Würfel schneiden. Backofen auf 180° C vorheizen.
3. Die Butter in einem Bräter erhitzen und die Keulen darin rundherum anbraten. Herausnehmen und den Kohl im Bratfett anschwitzen. Mit Salz, Pfeffer, Kümmel und Zucker würzen, mit Essig ablöschen und einkochen lassen.
4. Mit Brühe aufgießen, die Putenkeule mit der Haut nach oben darauf legen und zugedeckt im Backofen etwa 90 Minuten schmoren.
5. Den Backofen auf 220° C stellen, den Deckel abnehmen und die Putenhaut goldbraun und knusprig werden lassen.

Geschmorte Kalbshaxe

BAYERN

Für 4 Personen

1 hintere Kalbshaxe à ca. 1 1/2 kg, 250 g Schweinebauch, 1 Kalbsknochen, Salz, Pfeffer, 2 Möhren, 100 g Knollensellerie, 1 kleine Petersilienwurzel, 2 Schalotten, 2 EL Keimöl, 20 g Butter, 1 TL Tomatenmark, 400 ml Fleischbrühe, 1/8 l Weißwein

1. Kalbshaxe, Schweinebauch und Knochen waschen und trockentupfen. Haxe und Schweinebauch mit Salz und Pfeffer einreiben. Möhren, Sellerie, Petersilienwurzel und Schalotten schälen und alles in kleine Stücke schneiden. Backofen auf 180° C vorheizen.
2. Öl und Butter erhitzen und die Haxe und den Schweinebauch darin rundherum anbraten. Den Knochen und das Gemüse dazugeben und kurz mit braten. Das Tomatenmark unterrühren und die Brühe angießen.
3. Zugedeckt im Backofen 2 Stunden schmoren, dabei gelegentlich mit Bratensaft begießen. 30 Minuten vor Ende der Garzeit den Deckel abnehmen.
4. Haxe, Schweinebauch und Knochen aus dem Topf nehmen. Das Kalbfleisch vom Knochen lösen, den Schweinebauch in Scheiben schneiden, den Knochen entfernen. Den Bratenfond mit dem Gemüse fein pürieren und durch ein Sieb streichen. Den Wein dazugießen und die Sauce sämig einkochen lassen. Zu den Fleischscheiben servieren.

Schweinebraten

BAYERN

Für 4 Personen

1 kg Schweineschulter mit Schwarte, Salz, Pfeffer, 200 g Schweineknochen, 2 Zwiebeln, 1 Möhre, 1 TL Kümmel, 1/8 l Wasser, 1/8 l dunkles Bier, 1 EL mittelscharfer Senf

1. Den Backofen auf 200° C vorheizen. Die Schwarte der Schweineschulter rautenförmig einschneiden. Das Fleisch mit Salz und Pfeffer einreiben und mit der Hautseite nach unten in einen Bräter legen.
2. Die Schweineknochen waschen, Zwiebeln und Möhre schälen, in Stücke schneiden und um das Fleisch herum verteilen. Mit Kümmel bestreuen, mit etwas Wasser begießen und etwa 30 Minuten braten. Den Braten wenden, die Temperatur auf 180° C reduzieren und weitere 90 Minuten braten. Zwischendurch mit Bratenfond und Wasser begießen.
3. Bier und Senf 30 Minuten vor Ende der Garzeit verquirlen. Die Kruste damit bestreichen und goldbraun und knusprig braten. Das Fleisch aus dem Bräter nehmen und kurz ruhen lassen.
4. Den Bratenfond mit dem Gemüse durch ein Sieb streichen und kurz kochen lassen. Das Fleisch in Scheiben schneiden, mit der Sauce servieren.
Dazu ißt man in der Pfalz „Verheiratete". Das sind Spätzle mit gekochten Kartoffelstücken vermischt.

Gefüllte Schweinebrust

PFALZ

Für 4 Personen

1,2 kg Schweinebrustspitz, Salz, Pfeffer, 200 g Laugenbrezen (vom Vortag), 200 ml heiße Milch, 2 Zwiebeln, 1 EL Keimöl, 1/2 Bund Petersilie, 2 Eier, 200 g kleingehackte Schweineknochen, 1 EL Kümmel, 400 ml Wasser, 1/8 l dunkles Bier

1. In das Fleisch vom Metzger eine Tasche einschneiden lassen. Das Fleisch waschen, trockentupfen und innen und außen mit Salz und Pfeffer einreiben. Backofen auf 200° C vorheizen.
2. Die Brezen in dünne Scheiben schneiden. Mit der heißen Milch übergießen. Die Zwiebeln schälen. Eine Zwiebel in Würfel schneiden, die andere vierteln. Das Öl erhitzen und die Zwiebelwürfel darin glasig dünsten. Die Petersilie fein hacken. Mit den Zwiebelwürfeln und den Eiern zu den eingeweichten Brezen geben. Würzen, gut vermischen und in die Fleischtasche füllen. Die Öffnung mit Küchengarn zunähen.
3. Den Braten in einen Bräter legen. Knochen und geviertelte Zwiebel dazugeben, mit Kümmel bestreuen und 90 Minuten braten, dabei gelegentlich mit Wasser und kurz vor Ende der Garzeit mit Bier begießen.
4. Den Bratenfond durch ein Sieb streichen, abschmecken und kurz kochen lassen. Das Fleisch am besten mit einem elektrischen Messer in Scheiben schneiden und mit der Sauce servieren.

Schweinepfeffer

PFALZ

Für 4 Personen

600 g Schweinehals, Salz, Pfeffer, 400 g Zwiebeln, 1 Bund Suppengrün, 30 g Schweineschmalz, 1 EL grobgehackte, grüne Pfefferkörner, 1 Lorbeerblatt, 4 zerdrückte Wacholderbeeren, ½ l Pfälzer Weißwein, 150 g Blutwurst, 1 Bund Schnittlauch

1. Das Schweinefleisch in 1 cm dicke Scheiben, dann in längliche Streifen schneiden. Mit Salz und Pfeffer würzen.
2. Die Zwiebeln schälen, halbieren und in dünne Scheiben schneiden. Das Suppengrün waschen und in kleine Würfel schneiden.
3. Das Schmalz erhitzen und die Fleischstreifen darin anbraten. Zwiebeln und Gemüsewürfel dazugeben und mit andünsten. Pfefferkörner, Lorbeerblatt und Wacholderbeeren untermischen, mit Wein begießen und zugedeckt bei schwacher Hitze in etwa 30 bis 35 Minuten weich schmoren.
4. Die Blutwurst enthäuten, fein zerdrücken und unter das geschmorte Schweinefleisch mischen. Kurz erhitzen, aber auf keinen Fall kochen lassen. Mit feingeschnittenem Schnittlauch bestreut servieren.
Dazu ißt man knusprig gebratene Röstkartoffeln oder ein sahniges Kartoffelpüree.

Kotelett mit Kruste

HESSEN

Für 4 Personen

4 ausgelöste Schweinekoteletts à ca. 150 g, Salz, Pfeffer, 4 EL Sonnenblumenkerne, 80 g Butter, 2 Eigelb, 2–3 EL frisch geriebenes Weißbrot, 2 EL gehackte Petersilie, frisch gemahlener Koriander, Muskatnuß (gerieben), 2 EL Keimöl

1. Das Fleisch waschen, trockentupfen und mit Salz und Pfeffer würzen.
2. Die Sonnenblumenkerne in einer Pfanne ohne Fett rösten, abkühlen lassen und grob hacken.
3. Weiche Butter und Eigelb verrühren, Sonnenblumenkerne, Brotbrösel und Petersilie unterrühren und mit Koriander, Muskat, Salz und Pfeffer herzhaft würzen. Die Creme muß weich und geschmeidig sein. Bei Bedarf noch Brotbrösel hinzufügen. Den Backofengrill vorheizen.
4. Das Öl in einer Pfanne erhitzen und die Koteletts darin 3 bis 4 Minuten pro Seite bei mittlerer Hitze anbraten. Auf eine feuerfeste Platte legen und mit der Sonnenblumenkernpaste bestreichen.
5. Unter dem heißen Grill 3 bis 4 Minuten gratinieren. Sofort mit Gemüse der Saison servieren.

Schnitzel à la Holstein

BERLIN

Für 4 Personen

4 dünne Kalbsschnitzel à ca. 130 g, Salz, Pfeffer, 6 Eier, 2 EL Sahne, 4 EL geriebener Hartkäse, 2 EL Paniermehl, 2–3 EL Mehl, Keimöl zum Braten, 1 Apfel, 1 Zwiebel, 1 hartgekochtes Ei, 1 Sardellenfilet, 2 EL Mayonnaise, ½ TL Senf, etwas Zitronensaft, Cayennepfeffer, 1 EL feingehackte Petersilie, 20 g Butter

1. Die Schnitzel flach klopfen und mit Salz und Pfeffer würzen. 2 Eier und die Sahne verquirlen, Käse und Paniermehl vermischen. Die Schnitzel erst in Mehl, dann in der Eiersahne und zum Schluß in der Käse-Brösel-Mischung wenden. Öl in einer Pfanne erhitzen und die Schnitzel darin bei mittlerer Hitze auf beiden Seiten goldbraun braten.
2. Für das Relish den Apfel schälen, halbieren und entkernen. Zwiebel und hartgekochtes Ei schälen, in kleine Würfel schneiden, das Sardellenfilet fein hacken und alles mit der Mayonnaise verrühren. Mit Senf, Zitronensaft, Salz und Cayennepfeffer würzen und die Petersilie untermischen.
3. Die Butter in einer beschichteten Pfanne aufschäumen lassen und die restlichen Eier darin zu Spiegeleiern braten.
4. Die Schnitzel mit den Spiegeleiern auf Tellern anrichten und das Apfelrelish dazu reichen.

Schnitzel mit Zwiebeln

RHEINLAND

Für 4 Personen

8 kleine, dünne Schweineschnitzel à ca. 70 g, Salz, Pfeffer, 1–2 EL Mehl, 2 Zwiebeln, 1 EL Keimöl, 20 g Butter, 100 ml Weißwein, 200 g Sahne

1. Die Schweineschnitzel mit der flachen Seite eines Fleischklopfers vorsichtig klopfen. Mit Salz und Pfeffer würzen und in Mehl wenden. Überschüssiges Mehl abklopfen. Die Zwiebeln schälen und in sehr kleine Würfel schneiden.
2. Öl und Butter in einer großen Pfanne erhitzen und die Schnitzel darin bei mittlerer Hitze etwa 2 Minuten pro Seite braten. Herausnehmen und in Alufolie wickeln.
3. Das Bratfett abgießen und die Zwiebelwürfel in der Pfanne andünsten. Mit Wein ablöschen und um die Hälfte einkochen. Die Sahne angießen und in wenigen Minuten sämig einkochen.
4. Die Schnitzel mit der cremigen Zwiebelsauce überziehen und mit Kartoffelpüree, Röstkartoffeln oder Nudeln servieren.

Rheinischer Sauerbraten

RHEINLAND

Für 4 Personen

1 l Wasser, ½ l Weißweinessig, 1 Lorbeerblatt, 2 Gewürznelken, 5 zerdrückte Wacholderbeeren, 8 Pfefferkörner, 1 Bund Suppengrün, 1 kg Rindfleisch aus der Blume, Salz, Pfeffer, 2 EL Keimöl, 1–2 Aachener Printen, 50 g Pumpernickel

1. Wasser, Essig, Kräuter, Gewürze und gewaschenes und kleingeschnittenes Suppengrün in einen Topf geben und aufkochen. Wenige Minuten köcheln und abkühlen lassen.
2. Das Fleisch waschen, in eine Schüssel legen und mit dem abgekühlten Sud übergießen. Das Fleisch muß völlig damit bedeckt sein. Zugedeckt an einem kühlen Ort etwa 1 Woche marinieren.
3. Das Fleisch aus der Marinade nehmen, trockentupfen und mit Salz und Pfeffer einreiben. Das Öl erhitzen und das Fleisch rundherum anbraten. Das Suppengrün dazugeben und die Hälfte der Marinade angießen. Zerbröckelte Printen und Pumpernickel hinzufügen, aufkochen und zugedeckt im Backofen bei 160° C etwa 3 Stunden schmoren. Zwischendurch immer wieder mit der restlichen Marinade begießen.
4. Das Fleisch aus dem Topf nehmen und in Scheiben schneiden. Die Sauce mit dem Stabmixer fein pürieren, durch ein Sieb streichen und dazu servieren.

Pfefferpotthast

WESTFALEN

Für 4 Personen

800 g Rinderbrust, Salz, Pfeffer, 600 g Zwiebeln, 40 g Schweineschmalz, etwas gemahlener Piment und Kümmel, 1 Lorbeerblatt, 700 ml Fleischbrühe, 2 Scheiben altbackenes Schwarzbrot, abgeriebene Schale von ½ Zitrone (unbehandelt), ½ Bund glatte Petersilie

1. Das Fleisch in große Würfel schneiden und mit Salz und Pfeffer würzen. Zwiebeln schälen, in Scheiben schneiden.
2. Das Schweineschmalz in einem Schmortopf erhitzen und die Fleischwürfel darin scharf anbraten. Die Zwiebeln dazugeben und mit anschwitzen. Piment, Kümmel und das Lorbeerblatt hinzufügen und mit Brühe begießen. Bei schwacher Hitze auf der Kochplatte oder im 160° C heißen Backofen etwa 1 Stunde köcheln lassen.
3. Das Brot zerbröckeln und mit der Zitronenschale unter das Fleischgericht mischen. Etwa 30 Minuten auf der Kochplatte bei mittlerer Hitze köcheln lassen.
4. Die Petersilie grob hacken und unter den Pfefferpotthast mischen. Mit Rote-Bete-Salat, Essiggurken, Salzkartoffeln und Dortmunder Bier servieren.

Kasseler mit Kruste

BREMEN/NIEDERSACHSEN

Für 4 Personen

4 Schalotten, 2 EL Keimöl, 1 kg rohes Kasseler (mit Knochen), 1/8 l kräftiger Weißwein, 3 EL Aprikosenkonfitüre, 1 EL scharfer Senf, 1 TL frisch geriebene Ingwerwurzel, Pfeffer, Cayennepfeffer, je 1 Msp gemahlener Piment und Koriander, 80 g Mandelstifte, 100 ml Fleischbrühe, 125 g Sahne, Salz

1. Den Backofen auf 200° C vorheizen. Die Schalotten schälen und halbieren. Das Öl in einem Bräter erhitzen und das Kasseler rundherum scharf anbraten.
2. Die Schalotten dazugeben und kurz mit braten. Mit Weißwein aufgießen und auf der mittleren Schiene des Backofens 15 Minuten braten.
3. Die Konfitüre mit Senf und den Gewürzen verrühren. Mit einem Drittel davon das Fleisch bestreichen. Weitere 30 Minuten braten, dabei das Fleisch immer wieder mit Bratenfond begießen.
4. Die Temperatur auf 220° C erhöhen. Die Mandelstifte unter die restliche Konfitürenmischung rühren und die Oberseite des Kasselers dick damit bestreichen. In weiteren 15 Minuten goldbraun und knusprig braten.
5. Das Fleisch herausnehmen. Den Bratenfond mit Brühe und Sahne aufgießen und bei starker Hitze sämig einkochen lassen. Mit Pfeffer und Salz abschmecken.
6. Das Fleisch vom Knochen lösen und in Scheiben schneiden. Mit Gemüse und Kartoffelplätzchen servieren.

Rinderrouladen

RHEINLAND

Für 4 Personen

4 Rinderrouladen à ca. 150 g, Salz, Pfeffer, 1 EL Dijonsenf, 2 altbackene Brötchen, 1/8 l heiße Milch, 2 Zwiebeln, 50 g durchwachsener Räucherspeck, 1/2 Bund Petersilie, 3 EL Keimöl, 1 kleines Ei, 4 kleine, rohe Bratwürstchen, 2 Majoranzweige, 1/8 l trockener Weißwein, 1/4 l Fleischbrühe

1. Die Rouladen mit Salz und Pfeffer einreiben. Jeweils eine Seite mit Senf bestreichen.
2. Die Brötchen in Würfel schneiden, mit der heißen Milch begießen und einweichen. Zwiebeln schälen und wie den Räucherspeck in Würfel schneiden, Petersilie fein hacken. Die Speckwürfel und die Hälfte der Zwiebeln in 1 EL Öl andünsten. Petersilie und das Ei unter die Brötchen mischen und herzhaft würzen.
3. Die Farce auf die Rouladen streichen. Jeweils quer in die Mitte 1 Bratwürstchen legen und von der Schmalseite her aufrollen. Enden mit Zahnstochern zusammenstecken.
4. Restliches Öl erhitzen, die Rouladen darin rundherum bei starker Hitze anbraten. Restliche Zwiebelwürfel und den Majoran dazugeben und kurz mit braten. Mit Wein und Brühe aufgießen, bei schwacher Hitze zugedeckt 50 Minuten schmoren. Rouladen herausnehmen und warm stellen. Majoranzweige entfernen, die Sauce mit dem Stabmixer fein pürieren, durch ein Sieb streichen und sämig einkochen lassen. Zu den Rouladen servieren.

Wurstgröstl

PFALZ

Für 4 Personen

2 Äpfel, 2 große Zwiebeln, 4 EL Schweineschmalz, etwas Zucker, 250 g Blutwurst, 250 g Leberwurst, 1 TL gerebelter Majoran (getrocknet), 500 g gekochte Kartoffeln, Salz, etwas Kümmel, 2 EL feingeschnittener Schnittlauch

1. Die Äpfel schälen, halbieren und entkernen. Die Zwiebeln schälen und beides in kleine Würfel schneiden.
2. In einer Pfanne 1 EL Schweineschmalz erhitzen, die Apfelwürfel hineingeben, mit Zucker bestreuen und goldgelb braten. Die Blutwurst enthäuten, in Stücke schneiden, zu den Apfelwürfeln geben und kurz mit anbraten.
3. In einer zweiten Pfanne ebenfalls 1 EL Schweineschmalz erhitzen und die Zwiebelwürfel darin glasig dünsten. Die Leberwurst ebenfalls enthäuten und in Stücke geschnitten mit den Zwiebeln vermischen. Mit Majoran würzen.
4. Im restlichen Schmalz die geschälten und in Würfel geschnittenen Kartoffeln goldbraun braten und mit Salz und Kümmel würzen. Die Hälfte der Kartoffeln unter das Blutwurstgröstl, die andere Hälfte unter das Leberwurstgröstl mischen. Mit Schnittlauch bestreuen.
Dazu paßt Sauerkraut (siehe Rezept S. 139).

Klöße mit Wurstfülle

THÜRINGEN

Für 4 Personen

1 kg mehligkochende, gekochte Kartoffeln (vom Vortag), Salz, Muskatnuß (gerieben), 100 g Speisestärke (z. B. Mondamin), 2 Eigelb, 250 g geräucherte Leberwurst, 2–3 EL Sahne, 1 kleiner Apfel, 1 EL Schweineschmalz, 1 Prise Zucker, 1 TL gerebelter Majoran (getrocknet), 60 g Butter, 40 g Paniermehl

1. Kartoffeln schälen und auf der feinen Seite eines Reibeisens reiben. Mit Salz und Muskat würzen. Speisestärke und Eigelb untermischen. Rasch zu einem geschmeidigen Teig verkneten.
2. Reichlich Salzwasser in einem breiten Topf aufkochen.
3. Die Leberwurst und Sahne glattrühren. Den Apfel schälen, halbieren, entkernen und in sehr kleine Würfel schneiden. Schmalz erhitzen und die mit Zucker bestreuten Äpfel darin goldgelb anbraten. Unter die Leberwurst mischen und mit Majoran herzhaft würzen.
4. Mit bemehlten Händen aus dem Kartoffelteig Klöße formen und jeweils in die Mitte eine Mulde drücken. Einen Teelöffel von der Wurstfüllung hineingeben und fest mit Teig umhüllen. In dem leicht siedenden Salzwasser etwa 20 Minuten gar ziehen lassen.
5. Butter zerlassen und das Paniermehl darin goldbraun rösten. Die Knödel gut abgetropft auf einen Teller geben und mit den Bröseln bestreuen.

Schweinehals auf Kraut

THÜRINGEN

Für 4 Personen

800 g gepökelter Schweinehals, 2 Lorbeerblätter, 2 Gewürznelken, 2 Zwiebeln, 8 zerdrückte Wacholderbeeren, 6 Pfefferkörner, ½ Bund Petersilie, 2 ¼ l Wasser, 750 g Sauerkraut, 30 g Schweineschmalz, ⅛ l Weißwein, ¼ l Wasser, Salz, 1 Prise Zucker, 1 TL Kümmel, 1 mehligkochende Kartoffel

1. Den Schweinehals waschen und in einen Kochtopf legen. 1 Lorbeerblatt mit den Gewürznelken an eine Zwiebel spicken und mit 4 Wacholderbeeren, den Pfefferkörnern und der Petersilie zum Fleisch geben. Mit 2 l kaltem Wasser begießen und aufkochen. Die Hitze reduzieren und den Schweinehals etwa 90 Minuten garen.
2. Das Sauerkraut probieren. Falls es zu sauer ist, mit kaltem Wasser ausspülen. Die restliche Zwiebel in Würfel schneiden und im erhitzten Schmalz glasig braten. Das Kraut dazugeben und mit andünsten. Mit Wein und Wasser aufgießen, Salz, Zucker und die restlichen Gewürze dazugeben und zugedeckt etwa 15 Minuten köcheln lassen.
3. Die geschälte und feingeriebene Kartoffel untermischen und weitere 15 Minuten sämig kochen lassen.
4. Das gegarte Fleisch in Scheiben schneiden und mit Sauerkraut und Röstkartoffeln servieren.

Hackbraten mit Käse

SACHSEN-ANHALT

Für 4 Personen

Je 300 g Rinder- und Schweinehackfleisch, 100 g durchwachsener Speck in Würfeln, 100 g geriebener Hartkäse, 1 Zwiebel, 1 rote und 1 gelbe Paprikaschote, 4 EL Keimöl, 2 Brötchen, ⅛ l Milch, 2 Eier, 2 EL gehackte Petersilie, Salz, Pfeffer, etwas gerebelter Thymian, 1 TL mittelscharfer Senf

1. Hackfleisch, Speckwürfel und Käse vermischen. Zwiebel schälen. Paprikaschoten waschen, und halbieren und die Stielansätze und Trennwände entfernen. Alles in kleine Würfel schneiden und in 2 EL Öl andünsten.
2. Die Brötchen in heißer Milch einweichen. Zusammen mit den Eiern, den angedünsteten Zwiebeln, den Paprikawürfeln und der Petersilie unter das Hackfleisch mischen. Mit Salz, Pfeffer, Thymian und Senf würzen. Den Backofen auf 180° C vorheizen.
3. Den Hackfleischteig zu einem Laib formen und in eine gefettete Kastenform drücken. Die Form sollte nur zu zwei Dritteln gefüllt sein. Im heißen Backofen etwa 50 Minuten goldbraun braten.
Mit gebratenen Kartoffeln und Salat servieren. Wer möchte, reicht noch eine Tomatensauce dazu.

Leber Berliner Art

BERLIN/MARK BRANDENBURG

Für 4 Personen

4 mittelgroße Zwiebeln, 2 große, aromatische Äpfel (z. B. Boskop), 4 Scheiben Kalbsleber à 150 g, Salz, Pfeffer, 2 EL Mehl, 5 EL Keimöl, 40 g Butter

1. Die Zwiebeln und die Äpfel schälen. Von den Äpfeln mit dem Kernausstecher die Kerngehäuse entfernen. Die Äpfel in 1 cm dicke, die Zwiebeln in dünne Scheiben schneiden.
2. Die Kalbsleber falls nötig von Haut und Sehnen befreien. Mit Salz und Pfeffer würzen, in Mehl wenden, das überschüssige Mehl abklopfen.
3. In einer Pfanne 4 EL Öl erhitzen und die Zwiebelringe darin unter Rühren bei mittlerer Hitze goldbraun braten.
4. In einer zweiten Pfanne 30 g Butter erhitzen und die Apfelscheiben bei schwacher Hitze auf beiden Seiten goldgelb braten.
5. Die Zwiebeln aus der Pfanne nehmen und auf einem zusammengefalteten Küchenpapier abtropfen lassen. Das Bratfett abgießen und das restliche Öl und die Butter in der Pfanne erhitzen. Die Leberscheiben darin 2 bis 3 Minuten pro Seite braten.
6. Die Leberscheiben auf einer Platte anrichten, mit den Apfelscheiben und den Zwiebelringen belegen.
Zu diesem klassischen Gericht reicht man Kartoffelpüree.

Schweinegulasch

SACHSEN

Für 4 Personen

600 g Schweinefleisch vom Hals, Salz, Pfeffer, 400 g Zwiebeln, 1 rote und 1 grüne Paprikaschote, 1 mehligkochende Kartoffel, 250 g Sauerkraut, 3 EL Keimöl, 1 EL Tomatenmark, 1 EL Paprikapulver (edelsüß), 1 TL Paprikapulver (rosenscharf), 1 TL Kümmel, ½ l Fleischbrühe, 125 g saure Sahne, 1 EL gehackte Petersilie

1. Das Schweinefleisch waschen, abtrocknen, danach in 1½ cm große Würfel schneiden. Mit Salz und Pfeffer würzen. Zwiebeln schälen und in Würfel schneiden. Paprikaschoten waschen, halbieren und die Samenkerne entfernen. Die Kartoffel schälen und alles in kleine Würfel schneiden, das Sauerkraut kleinschneiden.
2. Das Öl in einem Schmortopf erhitzen und die Zwiebeln darin glasig dünsten. Das Fleisch dazugeben und mit anbraten. Paprika-, Kartoffelwürfel und Sauerkraut untermischen und alles bei starker Hitze kurz anbraten. Das Tomatenmark und die Gewürze unterrühren und mit der Fleischbrühe aufgießen. Einmal aufkochen und zugedeckt bei schwacher Hitze etwa 45 Minuten schmoren.
3. Den Deckel abnehmen, die saure Sahne unterrühren und noch einige Minuten köcheln lassen. Mit Petersilie bestreuen und mit Kartoffelpüree servieren.

Rindergulasch

THÜRINGEN

Für 4 Personen

800 g Rindfleisch (Nacken oder Schulter), Salz, Pfeffer, 800 g Zwiebeln, 1 mittelgroße Kartoffel, 40 g Schweineschmalz, 1 EL Paprikapulver (edelsüß), 1 TL Paprikapulver (rosenscharf), ½ TL Kümmel, 2 EL Tomatenmark, ½ l Fleischbrühe, etwas abgeriebene Zitronenschale (unbehandelt)

1. Das Fleisch waschen, trockentupfen und in etwa 3 cm große Würfel schneiden. Mit Salz und Pfeffer würzen.
2. Die Zwiebeln schälen, halbieren und in Scheiben schneiden. Die Kartoffel schälen und in winzige Würfel schneiden.
3. Das Schmalz erhitzen und die Zwiebeln darin unter Rühren glasig dünsten. Dann die Fleischwürfel dazugeben und mit anbraten.
4. Mit Paprikapulver und Kümmel würzen, die Kartoffelstückchen sowie das Tomatenmark unterrühren.
5. Alles bei starker Hitze anschmoren, dann die Fleischbrühe angießen und aufkochen lassen. Zugedeckt bei schwacher Hitze etwa 90 Minuten schmoren, dabei gelegentlich umrühren. Zum Schluß mit der abgeriebenen Zitronenschale und falls nötig mit Salz abschmecken.
Das Gulasch mit Salzkartoffeln, Nudeln oder knusprigen Brötchen servieren.

Hirschgulasch

BADEN

Für 4 Personen

800 g Hirschfleisch aus der Keule, Salz, Pfeffer, ½ TL feingehackte Thymianblätter, 1 Bund Suppengrün, 3 EL Keimöl, 1 TL Mehl, ¼ l Rotwein, ¼ l Wildfond, 8 Schalotten, 2 Möhren, 1 Birne, etwas Zitronensaft, 30 g Butter, 1 Prise Zucker, 2–3 EL Preiselbeerkompott

1. Hirschfleisch in große Würfel schneiden. Mit Salz, Pfeffer und Thymian würzen. Suppengrün waschen und kleinschneiden.
2. Die Fleischwürfel in heißem Öl scharf anbraten, das kleingeschnittene Suppengrün dazugeben und mit Mehl bestäuben. Kurz anrösten, mit Rotwein ablöschen und durchkochen lassen. Mit Wildfond aufgießen und zugedeckt bei schwacher Hitze 30 Minuten köcheln lassen.
3. Inzwischen die Schalotten, die Möhren und die Birne schälen. Die Schalotten vierteln, die Möhren in Scheiben schneiden und die Birne halbieren, entkernen und längs in dünne Spalten schneiden. Mit Zitronensaft beträufeln.
4. Butter aufschäumen lassen und die Schalotten und die Möhren darin weich dünsten. Danach die Birnenspalten dazugeben und mit Salz und Zucker abschmecken.
5. Die Fleischwürfel mit einem Schaumlöffel herausheben und die Sauce mit dem Stabmixer pürieren. Die angedünstete Gemüse-Frucht-Mischung, die Fleischwürfel und die Preiselbeeren unter die Sauce mischen.

Grünkohl mit Pinkel

Bremen/Niedersachsen

Für 4 Personen

2 Packungen Tiefkühl-Grünkohl, 2 Zwiebeln, 50 g Schweineschmalz, etwa ¼ l Fleischbrühe, Salz, Pfeffer, Muskat, 500 g geräucherte, gekochte Schweinebacke, 4 Pinkelwürste

1. Den Grünkohl antauen lassen. Die Zwiebeln schälen und in kleine Würfel schneiden.
2. Das Schmalz in einem Schmortopf erhitzen und die Zwiebeln darin glasig dünsten. Den Grünkohl hinzufügen und unter Rühren erhitzen. Mit Fleischbrühe aufgießen und mit Salz, Pfeffer und Muskat würzen. Die geräucherte Schweinebacke und die Würste in das Gemüse legen.
3. Alles bei schwacher Hitze 15 bis 20 Minuten erhitzen und mit knusprigen Röstkartoffeln, Bier und einem Klaren servieren.

Manfred Schwarz

Grünkohl wird bevorzugt in nördlichen Regionen gegessen. Das winterliche Gemüse schmeckt auch gut zu Kasseler Rippchen, Brägenwurst oder Gänsekeulen.
Frischen Grünkohl sollten Sie vor dem Schmoren in Salzwasser blanchieren. Die anschließende Garzeit beträgt mindestens eine Stunde.

Sauerkrautauflauf

Pfalz

Für 4 Personen

1 Zwiebel, 1 Prise Zucker, ½ TL Kümmel, 40 g Schweineschmalz, 500 g Sauerkraut, 1 Lorbeerblatt, 3 zerdrückte Wacholderbeeren, 5 zerdrückte Pfefferkörner, 100 ml Weißwein, 125 g Sahne, etwa 400 g grobe Leberwurst, Stampfkartoffeln (s. Seite 31)

1. Zwiebel schälen, in kleine Würfel schneiden und mit Zucker und Kümmel in 20 g Schweineschmalz andünsten. Das Sauerkraut kleinschneiden, dazugeben und mit andünsten. Lorbeerblatt, Wacholderbeeren und Pfefferkörner hinzufügen und mit Wein und Sahne aufgießen. Zugedeckt etwa 30 Minuten köcheln lassen. Die Flüssigkeit muß fast völlig verdampft sein. Das Sauerkraut abkühlen lassen.
2. Die Leberwurst in dickere Scheiben schneiden.
3. Vier Tassen oder Auflaufförmchen mit dem restlichen Schmalz ausfetten und abwechselnd Sauerkraut und Leberwurst hineinschichten. Festdrücken und etwa 10 Minuten im Wasserbad erhitzen.
4. Die Aufläufe auf Teller stürzen, eventuell wie eine Torte in Stücke schneiden und die Oberfläche mit den fertigen Stampfkartoffeln garnieren.

Gemüsemaultaschen

SCHWABEN

Für 4 Personen

400 g Mehl, 4 Eier, 1 EL Öl, 1 rote Paprikaschote, 1 große Möhre, 1 Selleriestange, 1 Zucchino, 2 EL ausgepalte Erbsen, 30 g Butter, Salz, 200 g Schichtkäse, 1 Eigelb, 60 g geriebener Hartkäse, Pfeffer, 1 Dose Tomatenstücke (800 ml), 1 Rosmarin- und 1 Thymianzweig, 3 EL Olivenöl, 1/8 l Fleischbrühe, 50 g geriebener Hartkäse

1. Aus Mehl, Eiern und Öl einen Nudelteig zubereiten .
2. Gemüse waschen, putzen, in kleine Würfel schneiden und in Butter andünsten, salzen und abkühlen lassen.
3. Schichtkäse mit Eigelb und Hartkäse glattrühren, das gedünstete Gemüse untermischen und mit Salz und Pfeffer würzen.
4. Tomatenstücke, Kräuter und Öl in einem Topf zum Kochen bringen. Fleischbrühe dazugießen, bei schwacher Hitze 15 Minuten köcheln lassen und würzen.
5. Den Nudelteig in zwei Teile schneiden und jeweils mit dem Teigroller 2 mm dick ausrollen. Auf eine Teighälfte kleine Häufchen von der Gemüsemasse setzen. Die zweite Teigplatte darüber legen und rund um die Füllungen mit den Fingerkuppen gut festdrücken. Quadrate ausschneiden und die Ränder gut zusammendrücken.
6. Portionsweise in siedendem Salzwasser bißfest kochen und abgetropft mit der Tomatensauce vermischt anrichten. Mit Käse bestreuen.

Rosenkohlauflauf

THÜRINGEN

Für 4 Personen

800 g Rosenkohl, Salz, 800 g mehligkochende Kartoffeln, 1 Zwiebel, 1 Brötchen, 4 Eier, 400 g Kalbshackfleisch, 1 TL gerebelter Thymian (getrocknet), 1 EL gehackte Petersilie, Pfeffer, knapp 1/8 l heiße Milch, Muskatnuß (gerieben), 250 g Sahne, 2 EL Paniermehl, 40 g Butter

1. Rosenkohlröschen putzen und in reichlich kochendem Salzwasser etwa 8 Minuten vorkochen. Kartoffeln schälen, waschen, vierteln und gar kochen.
2. Die Zwiebel schälen, in Würfel schneiden und mit dem eingeweichten, gut ausgedrückten Brötchen und einem Ei unter das Hackfleisch mischen. Thymian und Petersilie dazugeben und würzig abschmecken. Backofen auf 200° C vorheizen.
3. Kartoffeln abdampfen lassen, durch eine Kartoffelpresse drücken und mit heißer Milch zu einem festen Püree verarbeiten. Mit Salz und Muskat würzen. Den Boden einer gefetteten Auflaufform damit bedecken.
4. Aus der Hackfleischmasse kleine Bällchen formen und abwechselnd mit den Rosenkohlröschen in das Püree drücken. Sahne und Eier verquirlen, mit Salz, Pfeffer und Muskat würzen und über den Auflauf gießen. Mit Paniermehl bestreuen und mit der Butter in kleinen Flöckchen belegen. Im Backofen auf der mittleren Schiene 35 bis 40 Minuten goldbraun backen.

Weißkohlrouladen

RHEINLAND

Für 4 Personen

8 große Weißkohlblätter, Salz, 1 altbackenes Brötchen, 1/8 l heiße Milch, 1 Zwiebel, 50 g durchwachsener Räucherspeck, 4 EL Öl, 500 g gemischtes Hackfleisch, 1 Ei, Pfeffer, etwas gerebelter Majoran, 1 TL mittelscharfer Senf, 1/2 l Fleischbrühe, 400 g kleine Pfifferlinge oder Egerlinge, 1 kleine Zwiebel, 30 g Butter, 2 EL Crème fraîche, 1/2 Bund krause Petersilie

1. Die Weißkohlblätter in kochendem Salzwasser blanchieren, dann nebeneinander auf einem Tuch ausbreiten.
2. Brötchen in Milch einweichen, die Zwiebel schälen und wie den Räucherspeck in kleine Würfel schneiden. Beides in 1 EL Öl andünsten und mit dem ausgedrückten Brötchen und dem Ei unter das Hackfleisch mischen. Würzig abschmecken und die Farce auf den Blättern verteilen.
3. Die Ränder einschlagen, aufrollen und mit einem Baumwollfaden umwickeln. Das restliche Öl erhitzen und die Kohlrouladen rundherum anbraten. Mit Brühe aufgießen und zugedeckt etwa 1 Stunde schmoren.
4. Pilze putzen und vierteln, geschälte Zwiebel in Würfel schneiden und beides in aufgeschäumter Butter braten.
5. Die Kohlrouladen herausnehmen, die Crème fraîche unter den Bratenfond rühren, kurz durchkochen lassen.
6. Rouladen mit den Pilzen anrichten, mit abgezupften Petersilienblättern bestreuen und die Sauce dazu reichen.

Rotkohlrouladen

THÜRINGEN

Für 4 Personen

8 große Rotkohlblätter, Salz, 100 g fetter Speck, 1 Zwiebel, 1 Ei, 2 EL Paniermehl, Pfeffer, 1 Msp Piment, 4 EL Keimöl, 500 g gehacktes Wildfleisch aus der Keule, 1 EL Rotweinessig, 1/8 l Rotwein, 1/4 l Wildfond, 1 EL Preiselbeeren, 2 EL Crème fraîche

1. Die Blätter in kochendem Salzwasser kurz blanchieren und auf einem Küchentuch nebeneinander ausbreiten.
2. Den Speck und die geschälte Zwiebel in kleine Würfel schneiden. Die Speckwürfel glasig braten und die Zwiebelwürfel darin andünsten. Abkühlen lassen und mit dem Ei und dem Paniermehl unter das gehackte Wildfleisch mischen. Mit Salz, Pfeffer und Piment herzhaft würzen.
3. Jeweils einen Löffel von der Farce auf die Blätter verteilen, die Ränder einschlagen und aufrollen. Mit einem Baumwollfaden umwickeln.
4. Öl erhitzen und die Rouladen darin scharf anbraten, mit Essig und Rotwein ablöschen und um die Hälfte einkochen lassen. Mit Wildfond aufgießen und zugedeckt bei mittlerer Hitze 35 Minuten garen.
5. Die Rouladen herausnehmen und warm stellen. Preiselbeeren und Crème fraîche unter den Bratenfond rühren und sämig einkochen lassen.
Am besten mit Preiselbeeren und gekochten Kartoffelklößen servieren.

Gefüllte Paprikaschoten

SAARLAND

Für 4 Personen

1 große Zwiebel, 2 Knoblauchzehen, 2 EL Keimöl, 50 g Langkornreis, 1/4 l Fleischbrühe, 2 gelbe und 2 grüne Paprikaschoten, 4 Tomaten, 2 Eier, 1 EL gehackte Petersilie, 700 g gehacktes Rindfleisch, Salz, Pfeffer, 1 EL Paprika (edelsüß), 500 g Tomatenstücke (aus der Packung), 1 EL Tomatenmark, 1 gehackte Knoblauchzehe, 1/8 l trockener Weißwein

1. Zwiebel und Knoblauchzehen schälen, in Würfel schneiden und im erhitzten Öl glasig dünsten. Den Reis hinzufügen, mit andünsten, mit Brühe aufgießen und zugedeckt etwa 15 Minuten kochen.
2. Paprikas und Tomaten waschen, am Stielansatz einen Deckel abschneiden und aushöhlen. Das Fruchtfleisch der Tomaten aufbewahren. Backofen auf 180° C vorheizen.
3. Gegarten Reis mit Eiern und Petersilie unter das Hackfleisch mischen und würzen. Fleischfarce in das Gemüse füllen und mit den Deckeln verschließen.
4. Die Tomatenstücke mit dem zurückgelassenen Tomatenfleisch in eine Auflaufform geben. Tomatenmark, Knoblauch und Wein hinzufügen und salzen. Die Paprikaschoten so in die Sauce stellen, daß Zwischenräume für die Tomaten bleiben. Zugedeckt 40 Minuten im Backofen garen. Die Tomaten zwischen die Schoten stellen und zugedeckt weitere 20 Minuten garen.

Umhüllte Chicorée

WESTFALEN

Für 4 Personen

80 g Mehl, Salz, 3 Eier, etwa 200 ml Milch, Muskatnuß (gerieben), Keimöl zum Braten, 2 Chicorée, 145 g Butter, 2 EL Orangensaft, Pfeffer, 8 dünne Scheiben gekochter Schinken, Orangenfilets von 2 Orangen, 1 Eigelb, 3 EL Blutorangensaft, Cayennepfeffer, etwas abgeriebene Orangenschale (unbehandelt)

1. Aus Mehl, Salz, Eiern und Milch einen Eierkuchenteig zubereiten und mit Muskat würzen. Öl in einer Pfanne erhitzen und nacheinander acht dünne Eierkuchen backen.
2. Die Blätter von den Chicoréekolben lösen, kurz in kochendem Wasser blanchieren und abtropfen lassen. 20 g Butter und Orangensaft in einer Pfanne erhitzen und die Chicoréeblätter darin schwenken. Mit Salz und Pfeffer würzen. Den Backofen auf 220° C vorheizen.
3. Die Eierpfannkuchen erst mit einer Schinkenscheibe, dann mit Chicoréeblättern und Orangenfilets belegen und aufrollen. Nebeneinander in eine längliche Auflaufform schichten.
4. Die restliche Butter zerlassen. Eigelb mit Orangensaft über einem Wasserbad schaumig schlagen und nach und nach tröpfchenweise die Butter einlaufen lassen. Mit Cayennepfeffer und Orangenschale würzig abschmekken und über den Eierpfannkuchen verteilen, im heißen Backofen kurz gratinieren.

Rote-Bete-Eintopf

MECKLENBURG-VORPOMMERN

Für 4 Personen

1 kg Rindfleisch (Beinscheibe), 2–3 Fleischknochen, 2 l Wasser, Salz, einige Pfefferkörner, 1 Lorbeerblatt, 2 Gewürznelken, 1 Zwiebel, 3 kleine rote Beten, ½ kleiner Wirsingkopf, 4 Kartoffeln, ½ Bund Petersilie

1. Fleisch und Fleischknochen waschen. Wasser mit Salz und Pfefferkörnern erhitzen. Das Lorbeerblatt mit den Gewürznelken an die Zwiebel spicken und mit dem Fleisch und den Knochen in das kochende Wasser geben. Aufkochen lassen, abschäumen und bei schwacher Hitze etwa 45 Minuten köcheln lassen.

2. Rote Beten schälen, vierteln und in Scheiben schneiden. Vom Kohlkopf den Strunk entfernen, die Kartoffeln schälen. Beides in Würfel schneiden, in die leicht siedende Fleischbrühe geben und 45 Minuten köcheln lassen.

3. Knochen und Fleisch herausnehmen. Das Fleisch in Würfel schneiden und zurück in den Eintopf geben. Noch einmal würzig abschmecken und mit Petersilie bestreut servieren.

MANFRED SCHWARZ

Wer's scharf liebt, raspelt noch frischen Meerrettich über den Eintopf.

Sellerieschnitzel

SACHSEN

Für 4 Personen

2 Sellerieknollen à 500 g, 8 dünne Scheiben Kochschinken, 8 dickere Scheiben Butterkäse, Salz, Pfeffer, 20 g Cornflakes, 50 g Erdnüsse (ungesalzen), 2 Eier, 2–3 EL Mehl, 6 EL Keimöl

1. Die Sellerieknollen waschen und ungeschält in reichlich Salzwasser in etwa 50 Minuten bißfest kochen.

2. Die Knollen in kaltem Wasser abkühlen lassen, dann abschälen. In vier gut 1 cm dicke Scheiben schneiden und jede Scheibe noch einmal einschneiden, aber nicht völlig durchschneiden. In diese Öffnungen jeweils eine Schinken- und eine Käsescheibe stecken und fest zusammendrücken. Mit Salz und Pfeffer würzen.

3. Cornflakes und Erdnüsse in ein Tuch geben und mit dem Nudelholz fein zermahlen.

4. Die Sellerieschnitzel zuerst in Mehl, dann in den verquirlten Eiern und zum Schluß in der Cornflakes-Nuß-Mischung wenden. Die Panade gut festdrücken.

5. Öl in einer beschichteten Pfanne erhitzen und die gefüllten Sellerieschnitzel darin von jeder Seite etwa 3 bis 4 Minuten bei mittlerer Hitze goldbraun braten. Mit Salat und Salzkartoffeln servieren.

Knödelgröstl

BAYERN

Für 4 Personen

6 gekochte Kartoffelknödel (vom Vortag), 150 g durchwachsener Räucherspeck, 2 Zwiebeln, 4 EL Keimöl, 30 g Butter, 6 Eier, 6 EL Milch, Salz, Pfeffer, Muskatnuß (gerieben), 1 Bund Schnittlauch

1. Die Kartoffelknödel achteln, den Räucherspeck und die geschälten Zwiebeln in kleine Würfel schneiden.
2. In einer großen Pfanne 2 EL Öl erhitzen und die Speck- und Zwiebelwürfel darin glasig braten, herausnehmen und beiseite legen.
3. Die Butter und das restliche Öl in der Pfanne aufschäumen lassen und die Knödelspalten darin unter Schwenken der Pfanne anbraten.
4. Die Eier mit der Milch verquirlen und mit Salz, Pfeffer und Muskat würzen. Die Speck- und Zwiebelwürfel über den Knödeln verteilen, die Eiermilch darübergießen und zugedeckt bei schwacher Hitze stocken lassen. Mit Schnittlauch bestreut servieren.
In Bayern ißt man sehr gerne Endiviensalat dazu.

MANFRED SCHWARZ

Das Knödelgröstl ist ein schmackhaftes Resteessen, das Sie natürlich auch mit Semmelknödeln zubereiten können.

Steinpilz-Roggennudeln

SACHSEN

Für 4 Personen

300 g feingemahlenes Roggenmehl (Type 1370), 30 g getrocknete Steinpilze, 3 Eier, 2 Eigelb, 1 EL Keimöl, Salz, 100 g Butter, je 30 g grobgehackte Haselnüsse und Walnüsse, ½ Bund frisch gehackte Petersilie, frisch geriebener Hartkäse

1. Das Mehl in eine Schüssel geben. Die Steinpilze fein hacken und zum Mehl geben. In die Mitte eine Mulde drücken und Eier, Eigelb und Öl hineingeben. Mit einer Gabel verquirlen und auf dem Backbrett so lange durchkneten, bis der Teig geschmeidig ist. Falls nötig, etwas Wasser hinzufügen. 30 Minuten ruhen lassen.
2. Den Teig so dünn wie möglich ausrollen und in ½ cm breite Streifen schneiden.
3. Reichlich Salzwasser zum Kochen bringen, die Nudeln hineingeben und in wenigen Minuten bißfest kochen.
4. Butter in einer tiefen Pfanne aufschäumen lassen und die Nüsse darin goldbraun rösten.
5. Die Nudeln auf einem Sieb abtropfen lassen, in die Pfanne geben und mit der Nußbutter vermischen. Mit der Petersilie bestreuen und den frisch geriebenen Käse dazu reichen.

Allgäuer Kässpatzn

SCHWABEN

Für 4 Personen

500 g Mehl, 6 Eier, 1 TL Salz, knapp 1/8 l Wasser, 4 große Zwiebeln, 8 dünne Scheiben durchwachsener Räucherspeck, 40 g Schweineschmalz, 200 g frisch geriebener Emmentaler, 200 g frisch geriebener Bergkäse, Pfeffer, 1 Bund Schnittlauch

1. Mehl, Eier, Salz und Wasser in einer Schüssel mit dem Kochlöffel schlagen, bis ein glatter, glänzender Teig entsteht. 15 Minuten ruhen lassen.
2. Zwiebeln schälen und in Ringe schneiden. Die Speckscheiben in einer Pfanne knusprig braten. Herausnehmen, das Schmalz in die Pfanne geben und die Zwiebelringe darin goldbraun braten.
3. Den Spätzleteig portionsweise entweder vom Brett oder mit Hilfe eines Spätzlehobels in reichlich kochendes Salzwasser geben oder durch eine Spätzlepresse drücken.
4. Sobald die Spätzle oben schwimmen, mit einem Schaumlöffel herausheben, abtropfen lassen und in eine vorgewärmte Schüssel geben. Die beiden Käsesorten vermischen und etwas davon über die Spätzle streuen, mit frisch gemahlenem Pfeffer würzen und erneut mit einer Portion gut abgetropfter Spätzle bedecken. So fortfahren, bis Spätzle und Käse aufgebraucht sind.
5. Mit zwei Löffeln alles miteinander vermischen. Zwiebelringe und gebratenen Räucherspeck darübergeben und mit Schnittlauch bestreut sofort servieren.

Maultaschen

SCHWABEN

Für 4 Personen

300 g Mehl, Salz, 4 Eier, 2–3 EL Wasser, 50 g durchwachsener Räucherspeck, 3 Zwiebeln, 150 g junge Spinatblätter, 20 g Butter, 250 g Hackfleisch, 150 g rohes Bratwurstbrät, 1 EL gerebelter Majoran, Pfeffer, 30 g Butterschmalz, 1 l kräftige Fleischbrühe, 2 EL feingeschnittener Schnittlauch

1. Aus Mehl,Salz, 3 Eiern und dem Wasser einen Nudelteig zubereiten. Speck und eine geschälte Zwiebel in Würfel schneiden. Spinatblätter blanchieren, abtropfen lassen und fein hacken. Speck- und Zwiebelwürfel in aufgeschäumter Butter andünsten, den Spinat dazugeben, kurz mit andünsten und abkühlen lassen.
2. Hackfleisch, Bratwurstbrät und die Spinatmischung vermengen, das restliche Ei hinzufügen und zu einer glatten Farce verarbeiten. Herzhaft abschmecken.
3. Den Nudelteig dünn ausrollen und auf eine Hälfte kleine Häufchen von der Füllung setzen. Die zweite Teighälfte darüberklappen und um die Füllungen gut festdrücken. Quadrate ausschneiden und in kochendem Salzwasser etwa 10 bis 15 Minuten garen lassen.
4. Restliche geschälte Zwiebeln in Würfel schneiden und im Butterschmalz goldbraun braten. Die Brühe erhitzen.
5. Die Maultaschen auf vier Teller verteilen, mit Brühe begießen und mit Röstzwiebeln und Schnittlauch bestreuen.

Reibekuchen mit Apfel

RHEINLAND

Für 4 Personen

800 g mehligkochende Spätkartoffeln, 3 große aromatische Äpfel (z. B. Boskop), 80 g grobgehackte Haselnüsse, 2 EL Zucker, 1 Msp gemahlener Zimt, 4 Eigelb, 40 g Butter, 2–3 EL Keimöl, 250 g Sahnequark, abgeriebene Schale von ½ Zitrone (unbehandelt), 2–3 EL Vanillezucker, 2 EL geschlagene Sahne, frische Zitronenmelissezweige

1. Die Kartoffeln und die Äpfel waschen und schälen. Die Kartoffeln auf der feinen, die Äpfel auf der groben Seite einer Rohkostreibe raspeln. Miteinander vermischen und die gehackten Haselnüsse hinzufügen. Mit Zucker und etwas Zimtpulver würzen. Eigelb unterrühren.
2. Jeweils etwas Butter und Keimöl erhitzen und mit einem Eßlöffel kleine Häufchen von der Mischung in das heiße Fett setzen. Mit dem Löffelrücken flach drücken und auf beiden Seiten goldgelb und knusprig braten. Die fertiggebackenen Reibekuchen im heißen Backofen warm halten, bis die Kartoffelmasse verbraucht ist.
3. Quark mit Zitronenschale und Vanillezucker glattrühren und die geschlagene Sahne unterziehen. In einen Spritzbeutel füllen und jeweils einen Tupfen davon auf die Reibekuchen spritzen. Mit je einem Zitronenmelissezweig garnieren.

Kartoffelplätzchen

SAARLAND

Für 4 Personen

800 g mehligkochende Kartoffeln, 2 Eigelb, 1–2 EL Mehl, 80 g frisch geriebener Bergkäse, Salz, weißer Pfeffer, Muskat, 50 g Sonnenblumenkerne, 4 EL Keimöl, 20 g Butter

1. Die Kartoffeln waschen und in wenig Salzwasser garen. Abdampfen lassen, schälen und sofort durch eine Kartoffelpresse drücken, danach abkühlen lassen.
2. Eigelb, Mehl und Käse dazugeben und rasch zu einem glatten, geschmeidigen Teig verkneten. Mit Salz, Pfeffer und Muskat würzen. Mit bemehlten Händen etwa 1 cm dicke Plätzchen daraus formen.
3. Die Sonnenblumenkerne grob hacken und auf einem Teller verteilen. Die Plätzchen darin wenden und leicht andrücken.
4. Öl und Butter in der Pfanne aufschäumen lassen. Die Plätzchen darin bei mittlerer Hitze auf beiden Seiten in 2 bis 3 Minuten goldbraun braten.
Dazu paßt ein gemischter Salat.

MANFRED SCHWARZ

Für die knusprige Hülle können Sie statt der Sonnenblumenkerne Sesamsamen, Mandel- oder Haselnußblättchen verwenden.

Schoko-Nuß-Pudding

MECKLENBURG-VORPOMMERN

Für 4 Personen

50 g Zartbitterschokolade, ½ l Milch, 20 g Speisestärke (z. B. Mondamin), 1 EL Kakao (stark entölt), 50 g Zucker, 50 g geröstete, gemahlene Haselnüsse, 2 mittelgroße, säuerliche Äpfel, 20 g Butter, 1 EL Zucker, 1 Msp gemahlener Zimt, 200 g Sahne, 3 EL geröstete Haselnußblättchen

1. Die Schokolade in kleine Stückchen brechen. ¼ l Milch erhitzen und die Schokoladenstückchen unter Rühren darin schmelzen lassen.
2. Speisestärke, Kakao und Zucker mit der restlichen Milch verrühren, in die kochende Milch gießen und aufkochen lassen.
3. Die gemahlenen Haselnüsse unter die Creme rühren, in Schalen füllen und kalt stellen.
4. Die Äpfel schälen, halbieren und entkernen. Einen Apfel fein reiben, den anderen der Länge nach in dünne Spalten schneiden. Butter, Zucker und Zimt in einer Pfanne karamelisieren lassen und die Apfelspalten darin goldbraun braten. Die Pfanne von der Kochstelle nehmen und die Apfelspalten abkühlen lassen.
5. Die Sahne steif schlagen und den geriebenen Apfel und 2 EL Haselnußblättchen unterziehen.
6. Die Apfel-Nuß-Sahne auf die Schokocreme häufen und mit den restlichen Haselnußblättchen und den karamelisierten Apfelspalten servieren.

Quarkcreme

WESTFALEN

Für 4 Personen

500 g Sahnequark, 100 ml Milch, 80 g Zucker, ausgekratztes Mark von 1 Vanilleschote, 100 g altbackener Pumpernickel, 4 cl echter Rum, 100 g Zartbitterschokolade, 50 g grobgehackte Haselnüsse, 200 g entsteinte Sauerkirschen (aus dem Glas), 125 g Sahne

1. Den Quark mit Milch, Zucker und Vanillemark glattrühren.
2. Den Pumpernickel fein zerbröseln, mit Rum beträufeln und mindestens 15 Minuten einweichen. Zwei Drittel der Schokolade auf der groben Seiten eines Reibeisens raspeln. Die Nüsse in einer Pfanne goldbraun rösten, abkühlen lassen und mit der Schokolade unter die Brotbrösel mischen.
3. Die Sauerkirschen auf einem Sieb abtropfen lassen.
4. Abwechselnd Pumpernickelmischung, Kirschen und Quark in eine Glasschüssel füllen, dabei mit Quark abschließen. Mindestens 1 Stunde im Kühlschrank durchziehen lassen.
5. Die Quarkcreme mit geschlagener Sahne und einigen Kirschen garnieren und die restliche Schokolade darüber hobeln.

Bratapfel

SACHSEN

Für 4 Personen

50 g altbackener Dresdner Christstollen, 2 getrocknete Aprikosen, 2 EL Rosinen, 4 cl Aprikosengeist, 4 große, aromatische Äpfel (am besten Boskop oder Cox Orange), 40 g Butter, 30 g Mandeln, 1/8 l Weißwein (halbtrocken), 4 cl echter Rum

1. Christstollen und Aprikosen in kleine Würfel schneiden, die Rosinen hinzufügen und mit Aprikosengeist begießen. Mindestens 15 Minuten durchziehen lassen.
2. Den Backofen auf 200° C vorheizen.
3. Die Äpfel waschen und mit einem Apfelausstecher die Kerngehäuse entfernen. Die Äpfel nebeneinander in eine mit 20 g Butter gefettete, feuerfeste Form stellen.
4. Die Mandeln grob hacken und unter die Stollenmasse mischen. Mit einem kleinen Löffel die Füllung in die Apfelöffnungen geben, restliche Füllung um die Äpfel verteilen. Die Äpfel mit der restlichen Butter in Flöckchen belegen und auf der mittleren Schiene des vorgeheizten Backofens 20 bis 30 Minuten braten. Die Garzeit hängt von der Größe der Äpfel und der Sorte ab. Nach ungefähr 10 Minuten mit Wein begießen.
5. Vor dem Servieren den Rum erwärmen, über die Äpfel gießen, anzünden und brennend servieren!
Dazu paßt eine Vanille- oder Weinschaumsauce.

Reis Trauttmansdorff

SACHSEN-ANHALT

Für 4 Personen

100 g gemischte, kandierte Früchte, 20 ml Maraschino, 1/2 l Milch, 100 g Rundkornreis, 1 Prise Salz, Mark von 1/2 Vanilleschote, 60 g Zucker, 4 Blatt weiße Gelatine, 250 g Sahne, 30 g grobgehackte Mandeln, Schokoladenspäne

1. Die kandierten Früchte in kleine Würfel schneiden und mit Maraschino marinieren.
2. Die Milch mit Reis, Salz, Vanillemark und Zucker aufkochen. Die Hitze reduzieren und den Reis in etwa 40 Minuten bei schwacher Hitze und gelegentlichem Umrühren ausquellen lassen.
3. Die Gelatine in kaltem Wasser einweichen und gut ausgedrückt unter den heißen Reisbrei rühren. Von der Kochplatte nehmen und zwei Drittel der Früchte dazugeben.
4. Die Sahne steif schlagen und locker und gleichmäßig unterziehen, kurz bevor die Reismasse zu gelieren beginnt. In kalt ausgespülte Förmchen füllen und 3 bis 4 Stunden im Kühlschrank erstarren lassen.
5. Die Förmchen auf Teller stürzen, mit den restlichen Früchten und Schokoladenspänen garnieren.

Schneeklößchen

BERLIN/MARK BRANDENBURG

Für 4 Personen

¼ l Milch, 125 g Sahne, 1 Vanilleschote, 1 Stückchen Orangenschale (unbehandelt), 1 Stückchen Zimtstange, 3 Eigelb, 200 g Zucker, 3 Eiweiß, Schale von ½ Zitrone (unbehandelt), 1 TL Zitronensaft, 1 EL Wasser

1. Milch und Sahne in einem Topf erhitzen und die aufgeschnittene Vanilleschote, Orangenschale und Zimtstange hineingeben. Alles einige Minuten erhitzen, dann das Mark der Vanilleschote sorgfältig in die Flüssigkeit schaben und Orangenschale und Zimtstange entfernen.
2. Eigelb und 100 g Zucker cremig rühren, die heiße Milchmischung dazugießen und über einem Wasserbad so lange schlagen, bis die Mischung dickcremig wird. Unter Rühren abkühlen lassen und kalt stellen.
3. Eiweiß steifschlagen und nach und nach 50 g Zucker, Zitronenschale und Zitronensaft dazugeben. So lange schlagen, bis die Masse schnittfest und glänzend ist.
4. Mit zwei nassen Eßlöffeln Nocken abstechen und in das siedende Wasser setzen. Nach etwa 1 Minute wenden und auch die zweite Seite in 1 Minute garen. Herausheben und auf die Vanillesauce setzen.
5. Restlichen Zucker und Wasser in einer kleinen Pfanne goldbraun karamelisieren lassen. Mit einem Löffel Karamelfäden über die Nocken ziehen.

Mohr im Hemd

SACHSEN

Für 4 Personen

100 g Mokkaschokolade, 80 g Haselnüsse, 50 g Butter, 50 g Zucker, 5 Eigelb, 1 EL Instant-Kaffeepulver, Schale von ½ Orange (unbehandelt), 2 cl Orangenlikör, 5 Eiweiß, 20 g Paniermehl, 1 EL Kakaopulver, Butter und Paniermehl für die Form, 200 g Sahne

1. Die Schokolade in Stückchen brechen und im Wasserbad auflösen. Die Haselnüsse in einer Pfanne goldbraun rösten, die Schale abreiben und abgekühlt fein mahlen.
2. Die weiche Butter und Zucker sahnig rühren und nach und nach Eigelb, flüssige Schokolade, Kaffeepulver, abgeriebene Orangenschale und Likör hinzufügen.
3. Eiweiß steifschlagen und auf die Schaummasse geben. Nüsse und Paniermehl darüberstreuen und alles vorsichtig vermengen.
4. Eine Kochpuddingform und den Deckel gut einfetten und mit Paniermehl ausstreuen. Die Masse einfüllen, dabei sollte ein zweifingerbreiter Rand frei bleiben. Die Form gut verschließen und den Pudding im Wasserbad etwa 60 Minuten bei schwacher Hitze garen.
5. Die Form herausnehmen und vor dem Öffnen etwa 5 Minuten ruhen lassen. Dann den Pudding auf einen Teller stürzen und mit steifgeschlagener Sahne servieren.

Semmelschmarrn

BAYERN

Für 4 Personen

2 altbackene Semmeln (Brötchen), 200 ml Milch, 1 Prise Salz, 3 Eigelb, 1 TL Vanillezucker, Schale von ½ Orange (unbehandelt), 250 g Sauerkirschen, 2 cl Kirschwasser, 2 Eiweiß, 20 g Zucker, 40 g gehackte Mandeln, 50 g Butterschmalz, 2 EL Puderzucker zum Bestäuben

1. Semmeln in dünne Scheiben schneiden. Die Milch mit Salz, Eigelb, Vanillezucker und Orangenschale verrühren und über die Semmeln gießen. 20 Minuten durchziehen lassen. Den Backofen auf 220° C vorheizen.

2. Kirschen entkernen und mit Kirschwasser beträufeln. Eiweiß steif schlagen, dabei den Zucker einrieseln lassen und so lange weiterschlagen, bis der Eischnee schnittfest und glänzend ist. Mit den gehackten Mandeln unter die Semmelmasse ziehen.

3. In einer Pfanne 30 g Butterschmalz erhitzen und die Semmelmasse hineingeben. Goldbraun anbraten, die Pfanne in den Backofen stellen und in 8 bis 10 Minuten fertigbacken.

4. Den Semmelfladen mit zwei Gabeln in Stücke reißen, das restliche Schmalz dazugeben, mit Puderzucker bestäuben und unter Schwenken der Pfanne auf der Kochplatte bei mittlerer Hitze goldbraun karamelisieren lassen.

Gefüllte Quarkklöße

THÜRINGEN

Für 4 Personen

250 g Magerquark, 30 g Zucker, abgeriebene Schale von ½ Zitrone (unbehandelt), 2 Eigelb, ca. 100 g Biskuit- oder Zwiebackbrösel, 8 Pralinen mit Weinbrandkirschen, 50 g Butter, gemahlener Zimt nach Geschmack

1. Den Magerquark mit Zucker, Zitronenschale und Eigelb verrühren. So viel Brösel hinzufügen, bis ein formbarer Teig entsteht. 15 Minuten quellen lassen.

2. Je eine Praline mit dem Quarkteig umhüllen, zu Knödeln formen und in leicht siedendem Salzwasser etwa 5 bis 6 Minuten gar ziehen lassen.

3. Die Butter in einer Pfanne zerlassen und die restlichen Brösel darin unter Rühren goldbraun rösten. Etwas Zimt hinzufügen und die gegarten, gut abgetropften Quarkklöße in den Bröseln wenden.

Feldsalat mit Leber

MECKLENBURG-VORPOMMERN

Für 4 Personen

150 g Feldsalat, 2 EL Speckwürfel, 1 EL Schalottenwürfel, 6 EL Keimöl, 100 g gekochte, durchgedrückte Kartoffel, 2 EL Hühnerbrühe, 1–2 EL Aceto Balsamico, Salz, Pfeffer, 400 g Hähnchenlebern, 1 TL Mehl, 30 g geröstete Pinienkerne, 2 getrocknete Aprikosen, 2 Backpflaumen

1. Salat waschen und putzen. Speck- und Schalottenwürfel in 2 EL Öl anbraten. Die Kartoffel, Brühe und Essig dazugeben, verrühren und mit Salz und Pfeffer würzen.
2. Die Lebern mehlieren, in 4 EL Öl braten und mit den Pinienkernen und den gehackten Trockenfrüchten vermischen. Salat mit der Speck-Schalotten-Marinade anmachen und mit der Lebermischung bestreuen.

MANFRED SCHWARZ

Dieses weihnachtliche Festessen läßt sich wunderbar vorbereiten. Lediglich die Leber für die Vorspeise muß frisch gebraten werden. Den Hauptgang kann man gut einen Tag vor dem Fest zubereiten und mit Alufolie umwickelt im Kühlschrank aufbewahren. Die Dessertzubereitung ist mehrere Tage vorher möglich.

Umhüllter Rehrücken

SAARLAND

Für 4 Personen

150 g Mehl, 150 g Nußbutter (leicht gebräunte Butter), Salz, Pfeffer, 4 Eier, 400 ml Milch, 250 g gemahlene, geröstete Walnüsse, 200 g frische Spinatblätter, 150 g Poulardenbrust, 100 g Crème double, 50 ml Eiweiß, 1 EL Weinbrand, 1 EL weißer Portwein, 1 TL Trüffelöl, 1 ausgelöster Rehrücken, 1 EL Keimöl

1. Mehl, Nußbutter, Salz, Pfeffer, Eier, Milch und die feingemahlenen Walnüsse mit dem Stabmixer rasch zu einem glatten Crêpeteig verquirlen. 30 Minuten quellen lassen.
2. Die Spinatblätter verlesen, waschen und kurz blanchieren. Leicht überlappend auf einem Tuch ausbreiten.
3. Die gut gekühlte Poulardenbrust mit der Crème double und dem Eiweiß im Mixer fein pürieren und mit Salz, Pfeffer, Weinbrand, Portwein und Trüffelöl abschmecken.
4. Den Rehrücken salzen und pfeffern und im erhitzten Keimöl anbraten. Abkühlen lassen.
5. Aus dem Crêpeteig hauchdünne Crêpes backen und nebeneinanderliegend abkühlen lassen.
6. Die Spinatblätter mit zwei Dritteln der Geflügelfarce bestreichen, das Rehrückenfleisch in die Mitte legen und damit umhüllen. Die Walnußcrêpes mit der restlichen Farce bestreichen und das umhüllte Fleisch damit einwickeln. Die Rolle dicht mit Alufolie umwickeln und im Wasserbad im Backofen bei 250° C in etwa 12 bis 15 Minuten garen.
7. In Scheiben geschnitten auf vorgewärmten Tellern anrichten.

Geeister Christstollen

SACHSEN

Für 4 Personen

130 g Zucker, je 4 cl Amaretto und Cognac, 1 Ei, 6 Eigelb, 20 g Marzipan, ½ TL gemahlener Zimt, 1 TL Lebkuchengewürz, je 15 g Orangeat, Zitronat, Rosinen, Cocktailkirschen und geröstete Mandelstifte, 350 ml geschlagene Sahne, 80 g Marzipanrohmasse, 1 TL Puderzucker, 2 EL Amaretto, ¼ l Rotwein, 4 EL Portwein, 4 EL schwarzer Tee, je ein Stückchen Zitronen- und Orangenschale (unbehandelt), ein Stückchen Zimtstange, 1 Gewürznelke

1. 100 g Zucker goldbraun karamelisieren und mit Amaretto und Cognac ablöschen. Gut durchkochen.
2. Ei, 2 Eigelb, Karamel und zerbröckeltes Marzipan über dem Wasserbad dickschaumig aufschlagen. Die Gewürze dazugeben. Aus dem Wasserbad nehmen, kalt schlagen, Früchte, Mandeln sowie die Sahne unterheben.
3. Marzipanrohmasse, Puderzucker und Amaretto verkneten und zu einer Rolle formen.
4. Eine Parfaitform zur Hälfte mit der Stollencreme füllen, die Marzipanrolle hineinlegen, mit der restlichen Creme bedecken. 2 bis 3 Stunden in das Gefriergerät stellen.
5. Für den Punschschaum die angegebenen Zutaten bis auf die restlichen Eigelb in einen Topf geben und auf ⅛ l einkochen lassen, durch ein Sieb abgießen. Die Eigelbe mit dem Punsch über dem Wasserbad dickschaumig aufschlagen.
6. Den geeisten Stollen etwa 15 Minuten vor dem Servieren aus dem Gefriergerät nehmen, in Scheiben schneiden und mit dem Punschsabayon servieren.

Küchenlexikon

Aceto Balsamico: Berühmter Essig aus Modena, hergestellt aus der aromatischen Trebbiano-Traube. Die Besonderheit ist die lange Reifezeit in alten Weinfässern. Dabei erhält er seine typische braune Farbe, verliert die aggressive Schärfe und entwickelt ein würziges Aroma. Je länger er reift, um so aromatischer wird er.

Béchamelsauce: Helle, gebundene Grundsauce, hergestellt aus zerlassener Butter, Mehl und Milch.

Blanchieren: Kurzes Garen im kochenden Salzwasser, wird vorwiegend bei Gemüse angewendet. Um die frische Farbe weitgehend zu erhalten, ist das anschließende Bad im eisgekühlten Wasser unerläßlich.

Blindbacken: Damit Teigböden und Teigränder ihre Form behalten, werden sie mit Pergamentpapier ausgelegt, mit Hülsenfrüchten gefüllt und vorgebacken. Nach dem Entfernen der Hülsenfrüchte wird die richtige Füllung hineingegeben und der Kuchen oder die Pastete fertiggebacken.

Crème fraîche: Dickflüssiger Sauerrahm aus Frankreich, ursprünglich ohne Konservierungsstoff hergestellt. Mindestfettgehalt 30 Prozent.

Crème double: Eine französische Sahnekreation; Mindestfettgehalt 42 Prozent.

Croûtons: In kleine Würfel geschnittenes, kroß geröstetes Weißbrot.

Dijonsenf: Würziger, feincremiger französischer Senf, der seit über 700 Jahren in Dijon nach einem speziellen Verfahren aus vorwiegend braunen Senfkörnern hergestellt wird.

Farce: Fleisch, Fisch, Krustentiere oder Gemüse werden feingehackt, durch den Fleischwolf gedreht oder im Zerhacker püriert. Gebunden wird die Masse mit Sahne und/oder Eiern, gelockert mit Weißbrot oder Weißbrotbröseln. Farcen füllt man in Pasteten, Fleisch und Geflügel.

Filetieren, auch filieren: Fleisch wird von Knochen, Fisch von Gräten oder Zitrusfrüchte aus den Trennhäuten gelöst.

Fond: Konzentrat mit allen Geschmacksstoffen, das beim Braten, Kochen und Dünsten von Speisen gewonnen wird. Basis für gute Saucen und Suppen.

Gelatine: Bindemittel tierischer Herkunft für Gelee, Aspik, Sülzen und Süßspeisen. Gibt es in Blattform oder zu Pulver vermahlen. Die Gelatine vor der Verwendung im kalten Wasser einweichen und in heißer, aber nicht kochender Flüssigkeit auflösen.

Holländische Sauce: Eine cremige Emulsion aus Eigelb und geklärter Butter, im Wasserbad aufgeschlagen und würzig abgeschmeckt.

Julienne: Feingeschnittenes, streifenförmiges Gemüse in Streichholzlänge. Mit Hilfe des Julienneschneiders kann man auch von Zitrusfrüchten feine Streifen von der Schale abziehen.

Karamelisieren: Schmelzen und leichtes Bräunen der verschiedenen Zuckerarten.

Keimöl: Ein hochwertiges, geschmacksneutrales Keimöl, wie zum Beispiel Mazola, unterstreicht den Eigengeschmack der Zutaten. Mazola Keimöl wird mit größter Sorgfalt aus den frischen Keimen des Korns gepreßt, schonend gereinigt und luftdicht in Glasflaschen abgefüllt. Dank der schonenden Verarbeitung enthält es alle wichtigen Keimwirkstoffe, u. a. Vitamin E, die für eine gesunde Ernährung unerläßlich sind. Keimöl

ist nicht nur für Salat bestens geeignet, sondern auch zum Braten, Dünsten, Schmoren und Marinieren.

Legieren: Sämigmachen von Saucen und Suppen durch die Zugabe von Eigelb und Sahne. Nach dem Hinzufügen des Eigelbes die Speisen nur noch vorsichtig erwärmen, auf keinen Fall kochen, da sonst die Eiweißstoffe ausflocken.

Marinieren: Fleisch, Fisch oder Gemüse in eine würzige Marinade legen und darin durchziehen lassen. So werden die Lebensmittel nicht nur aromatisiert, sondern, vor allem bei Fleisch, auch die Struktur verbessert.

Montieren: Eiskalte Butter in kleinen Stückchen unter Saucen oder Suppen schlagen. Dadurch entsteht eine zarte Bindung mit viel Geschmack.

Noilly Prat: Ein sehr trockener, französischer Wermut, bestens geeignet zum Abschmecken von Fischgerichten und aufgeschlagenen Saucen.

Olivenöl: Das vollfruchtige Aroma und der harmonische Geschmack des Olivenöls, wie zum Beispiel Mazola Olivenöl extra virgen, verleihen Salaten eine besonders frische Note. Sonnengereifte spanische Oliven der Region um Córdoba werden auf traditionelle Art kalt gepreßt und luftdicht in grüne Flaschen abgefüllt. Ein optimaler Schutz für die wertvollen Inhaltsstoffe, beispielsweise die reichlich enthaltenen ungesättigten Fettsäuren.

Panieren: Lebensmittel werden nacheinander erst in Mehl, dann im verquirlten Ei und zum Schluß in Paniermehl gewendet und im heißen Fett ausgebacken. Die Hülle wird knusprig, das Gargut bleibt saftig.

Parieren: Fleisch oder Fisch von Haut, Fett und Sehnen befreien und zurechtschneiden.

Passieren: Flüssigkeit mit festen Bestandteilen, wie Suppen oder Saucen durch ein Sieb streichen, um unerwünschte Stoffe zurückzubehalten. Die Aromastoffe gehen in die Flüssigkeit über, und es entsteht eine sämige Bindung. Auch Farcen werden oft passiert, damit sie noch feiner und cremiger werden.

Pfannenrühren: In Streifen oder Würfel geschnittene Zutaten werden portionsweise bei starker Hitze unter ständigem Rühren angebraten. Dadurch schließen sich die Poren, und der Saft, die Farbe sowie das Aroma bleiben erhalten, Gemüse knackig und bißfest.

Pochieren: Garziehenlassen von Lebensmitteln in Flüssigkeit knapp unter dem Siedepunkt. Wird besonders bei sensiblen Lebensmitteln, wie Fisch, Bries, Austern, Eiern, Filet, Geflügel etc. angewendet.

Reduzieren: Einkochen von Flüssigkeiten bei starker Hitze.

Rôtisseursenf: Grobkörniger, hitzebeständiger Senf, der zum Marinieren von Fleisch verwendet wird.

Sautieren: Kurzes Anbraten, beziehungsweise Schwenken von dünnen Fleisch-, Geflügel- oder Fischscheiben, aber auch Gemüse in einer Stielkasserolle.

Speisestärke: Feine Speisestärke, zum Beispiel Mondamin, wird zum Binden von Saucen verwendet, da sie im Gegensatz zu Mehl geschmacksneutral ist und den Eigengeschmack der Speisen nicht überdeckt. Ansonsten nimmt man Speisestärke vorwiegend zum Backen. Speisestärke macht Kuchen und Gebäck zart und sandig und sorgt für eine lockere und feinporige Krume. Speisestärke dient auch zum Binden von Flammeris, Fruchtgrützen und süßen Saucen.